SOULMATE
Making Diary

소울메이트
메이킹 다이어리

차례

☺

어쩌면 다시는 영화를 만들지 못할 수도 있다고 생각했던 시기가 있었다.
가장 좋아하는 일을 영영 하지 못할 수도 있다는 절망감은 내가 어떤
사람인지에 대해 다시 처음부터 생각하는 계기가 되었다. 개인적으로,
내가 나 스스로를 또렷이 응시해야만 했던 시기에 이 영화를 시작했다.

아름다운 원작을 통해 두 명의 여성을 만났고 그 두 사람의 관계가
뿜어내는 은근하고 강하고 아름다운 매력에 끌렸다. 나와는 다른 성별,
내가 경험하지 못한 관계라는 이질감은 어느 한 지점에서 아무렇지 않게
무너졌다.

내게 <소울메이트>는 길고 긴 시간을 돌고 돌아 내가 누구인지,
내 인생의 단 한 사람이 누구인지 깨달아 가게 만들어주는 영화였다.
나를 나일 수 있게 만드는 단 한 사람. 그것을 비로소 깨닫는 게 얼마나
아름답고 소중한 일인지에 대해 그린 영화다. 그 아름다운 깨달음을 얻게
되는 과정의 감각을 영화를 통해 조금이라도 관객들과 나눌 수 있게 되길
바란다.

영화에 더해, 그 만듦의 과정을 하나의 결과물로 남길 수 있다는 것은
영화를 만든 이들에겐 더없는 영광이자 축복일 것이다. 함께 만든 과정의
기록을 통해, 이 영화에 참여한 모든 이들이 수줍게 간직하고만 있던 뜨거운
열정과 사려 깊은 고심들이 관객들에게, 독자들에게 전달되었으면 한다.

결과를 떠나 과정이 행복한 영화였고, 참여한 이들의 마음이 아름다운
영화였다. 그 마음의 기록으로서 이 책을 아주 천천히 음미해주시길 빈다.

그리고.
하늘나라 어디에선가 큰 키와 큰 눈으로 우리의 영화를 지켜봐주실
故 오흥석 미술감독님께 뒤늦은 사랑과 감사의 마음을 전합니다.
당신이 만든 공간 속에서 우리 모두 행복한 작업을 할 수 있었습니다.

2022년 3월
민용근 감독

☺

모든 영화 뒤에는 이야기를 품은 긴 꼬리가 달린다. 수많은 갈래의 고민과 선택, 적게는 수십부터 많게는 수백 명의 사람들이 하나의 목표를 향해 분주하게 달려간 시간이 남긴 흔적이다. 이 책은 그 모양과 질감을 자세히 들여다보고 싶은 바람에서 비롯했다. 각본의 행간 사이, 배우의 연기와 그들을 지켜보는 카메라 사이, 연출가의 고민과 테크니션들의 제안과 최종 편집본 사이. 영화와 나란하고도 분명하게 존재하지만 온전히 드러나지 않던 것들을 소중하게 기록해 보고 싶었다.

아카이빙과 활자 물리매체의 효용은 어쩌면 극소수만의 관심 영역이 아닐까 하는 의심과 회의감에 빠지는 순간이 있다. 모든 것이 빠르게 휘발되고, 짧게 편집된 흥미 위주의 영상이 모든 취향의 소비를 대변하는 듯한 시대에 영화 한 편이 만들어지는 과정을 글로 기록한다는 것이 왜 필요한지 스스로 여러 번 되물어야 했다. 동시에 과도한 의미의 강박에 갇히지 않기 위해 무게를 털고 유연하게 접근하자는 다짐도 필요했다.

작업을 전부 마친 지금은 그저 영화가 관객 각자의 언어로 해석되고 오랜 시간을 거치며 그들 삶의 일부로 자리한다는 사실을 잊지 않으려 한다. 기록의 역할은 그 과정 어딘가에 존재할 것이다. 아무도 발견하지 못한 대단한 관점이나 정답에 가까운 무언가를 손에 쥐여주는 해석이라기보다, 더욱 풍성하게 영화를 기억하는 것을 돕는 친구 같은 책이 될 수 있기를 바란다.

영화를 향한 깊이 있는 애정과 소중한 기억들을 선뜻 꺼내주신 <소울메이트>의 모든 배우와 제작진에게 따스한 존경과 지지를 보낸다. 길고 지난한 취재 과정을 도와주신 모든 분들께도 진심으로 감사를 전한다.

이것은 한 명의 관객이자 저널리스트로서 내가 영화를 사랑하는 최선의 방식이다. 가능하다면 이 마음을 오래 지속하며 앞으로의 작업을 이어가고 싶다.

2022년, 이은선
영화 저널리스트
前 영화 전문지 <스크린> <무비위크>
중앙일보 <magazine M> 취재기자

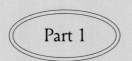

Part 1

"그날을 생각하면 매미 소리가 제일 먼저 떠올라.

날도 더웠고, 수업도 지루했고.

그렇게 졸리고 나른했던 날에…니가 왔어."

◦ Development ◦

<소울메이트>의
시작

때로 영화는 아주 우연한 계기에서 비롯된다. 한 줄의 글에서 얻은 영감이, 누군가의 얼굴에서 발견한 표정 하나가 시작점이 될 수도 있다. <소울메이트>의 첫걸음에는 원작 영화 <안녕, 나의 소울메이트>(2017, 원제 '七月与安生') 그리고 배우 김다미가 있었다.

이야기는 2018년 즈음으로 거슬러 올라간다. 워너브라더스 코리아(※이후 2020년 한국영화 제작 투자 및 배급 사업을 철수했다)가 투자 제작한 <마녀>(2018)는 김다미라는 대형 신인 배우의 탄생을 알렸다. <소울메이트> 제작사인 클라이맥스 스튜디오 변승민 대표는 당시 워너브라더스 코리아 투자팀에 근무하며 김다미와 처음 인연을 맺었다. 김다미에게서 "연기 자체는 편안하게 하면서도 흡인력을 발휘하는 보기 드문 재능"을 발견한 변승민 대표는 이 즈음 다른 작업을 통해 배우의 가능성을 지속적으로 확인하고 싶은 바람을 갖게 됐다고 말한다.

그는 김다미의 차기작을 두고 배우의 당시 소속사였던 앤드마크 권오현 대표와 논의 도중 문득 <안녕, 나의 소울메이트> 리메이크 아이디어를 떠올렸다. 칠월(마사순)과 안생(주동우)이라는 두 여성 주인공의 이야기이지만 젠더 구분 없이 사람들이 그리워하는 한때, 혹은 그리운 사람이라는 주제로 폭넓게 의미를 확장해갈 수 있는 작품이라는 데 생각이 미친 것이다.

그는 "김다미 배우와 또 다른 새로운 얼굴, 사려 깊은 연출가의 조합이 가능하다면 단순히 리메이크가 아니라 새로운 세계가 탄생할 것 같았다"고 말한다. "판권 구입 추진 전에 배우 의견부터 물었어요. 시나리오도 없고 연출자도 정해지지 않았지만 프로젝트 자체에 관심이 있다면 판권 구매를 해보겠다고 제안한 거죠. 다행히 김다미 배우가 원작 영화에 깊이 공감했다면서 수락했습니다. 아무것도 없는 상태에서 큰 결정을 내려준 것이 정말 고마웠죠."

이후 진행은 일사천리였다. 클라이맥스 스튜디오는 2019년 3월 영화화 판권 계약을 체결했다. 3년 안에 영화를 만드는 조건이었다. <안녕,

17

나의 소울메이트> 역시 원작인 칭산 작가의 단편 소설 『칠월과 안생』에
새로운 해석을 덧붙였던 작품인 만큼, 한국에서 리메이크하는 방식과
형태 자체에 별다른 제약을 두진 않았다.

연출가를 결정하는 과정에서 변승민 대표는 자연스럽게 민용근
감독을 떠올렸다. 장편 <혜화, 동>(2011)을 비롯해 <자전거 도둑>(2014),
<고양이 춤>(2015) 등 단편에 이르기까지 찰나의 감정을 포착해
영상으로 구현하는 능력이 뛰어난 연출가라는 점에서였다. 변승민 대표는
"일상성에 대한 섬세한 탐구" 역시 감독의 탁월한 장점으로 꼽는다.

민용근 감독은 제안을 받은 뒤 얼마 간 숙고했다. 작품에 여성
연출가가 더 어울릴 것이라는 생각에서였다. 이후 본격적인 스태프 구성
단계에서 강국현 촬영감독을 비롯해 주로 남성 헤드 스태프들이 합류하게
됐는데, 그때마다 그들은 모두 민용근 감독과 같은 이유로 결정을
주저하기도 했다. 하지만 결과적으로 <소울메이트>에 참여한 이들은
젠더 구분을 떠나 하나같이 섬세하고 깊은 감수성을 보여주었다. 민용근
감독은 "누군가와 함께한 순간들, 나아가 '세월'을 이야기하는 영화를 만들
수 있겠다"는 점에 마음이 움직여 고심 끝에 연출을 수락했다.

이후 <초미의 관심사>(2020)의 시나리오를 담당했던 강현주
작가가 프로젝트에 합류했다. 그는 전작을 통해 세대와 성격이 확연하게
다른 두 여성, 엄마와 딸이 서로를 이해하고 교감해가는 과정을 설득력
있게 풀어낸 바 있다.

사랑과 우정, 그 이상의 찬란한 이야기로

2019년 4월 초부터 본격적인 스토리 기획 회의가 시작됐다. 원작
영화에서 무엇을 취하고 무엇을 버릴 것인지, 시대와 공간 배경은 어떻게
바꿀 것인지, 전체적인 구조와 결말은 어떻게 만들 것인지 등에 대한 큰
틀의 논의가 우선이었다.

이 과정에서 20~30대 여성뿐만이 아니라 40대 이상의
관객층까지 폭넓게 포섭할 만한 영화가 될 수 있다는 가능성이 제기됐다.
"과거의 향수를 불러일으키는 이야기라는 측면이 우선 강점이 될 것
같았습니다. 또한 사랑 아니면 우정, 그 이분법만으로는 규정할 수 없는

찬란한 감정들에 대한 소구력도 클 것 같았죠." 변승민 대표의 말이다. 두 여성 캐릭터의 연대, 인물들의 삼각관계 등을 넘어서 훨씬 폭넓은 공감 영역을 목표했다는 얘기다. 4월 한 달간 진행한 스토리 회의를 바탕으로 6월 말 강현주 작가 버전의 시나리오 1고가 나왔다. 리메이크 소식이 공식 발표된 것은 한 달 뒤인 7월이다.

초고에서 주인공들의 연령대는 1970년대 생이었고, 극 중 이름도 지금과는 달랐다. 다만 제주도 배경은 처음부터 한 번도 바뀌지 않았다. 중국과는 완전히 다른 한국의 지리적 상황을 감안했을 때 최적의 선택이었기 때문이다. 서울에서 물리적으로 가장 먼 곳 중 하나이기도 하고, 육지와 섬의 공간 차이에서 발생하는 이질적 느낌도 주효했다. 주인공들이 자연환경을 충분히 누리면서 성장해가는 모습을 담고 싶다는 감독의 바람도 반영됐다.

각본에 큰 방향의 변화가 생긴 데는 민용근 감독이 시나리오를 위해 진행한 인터뷰 영향이 컸다. 여성들 간의 우정을 좀 더 자세히 들여다보고 알아야겠다는 생각이 든 감독은, 인터뷰 중 조금은 특별한 두 사람의 사연을 접하게 된다. "부모님이 친구 관계라 어릴 때부터 자연스럽게 함께 자라다시피 했고, 그러다 어느 순간 서로가 서로에게 단 한 사람이라는 것을 느끼셨다고 해요. 두 분 사이에 흐르고 있는 그 감정의 힘, 전혀 과시적이지 않고 일상적이지만 끈끈한 연결이 제게 무척 인상적으로 다가왔어요. 인터뷰를 진행하면서 저도 모르게 체화되는 감정들이 생겼고, 그걸 시나리오에 반영해 보기 시작했죠."

2019년 10월 전체 3고, 감독 버전의 시나리오 1고가 나왔다. 2020년 2월 제주도를 답사한 민용근 감독은 종달리와 하도리 일대를 촬영 장소로 내심 결정한 상태였다. 2020년 3월에는 전체 6고, 감독 버전의 시나리오 3고가 나왔다. 현재 영화의 초안이 되는 시나리오다. 인물들의 나이가 1988년생으로 바뀌었고, 이 시나리오로 투자가 진행됐다.

전소니의 캐스팅이 확정된 건 프리 프로덕션이 진행 중이던 2020년 6월이다. 변승민 대표는 "미소와 하은을 연기하는 배우들이 각각의 캐릭터를 연기하는 것도 중요하지만, 두 사람이 합쳐졌을 때

온전한 하나의 상이 만들어질 수 있느냐가 캐스팅의 핵심"이었다고 말한다. 전소니는 <악질경찰>(2019)을 통해 상업영화 데뷔를 치렀는데, 이 역시 <마녀>와 마찬가지로 변승민 대표가 워너브라더스 코리아에서 근무할 때 제작됐던 작품이라는 연결고리가 있다.

2020년 8월 시나리오 최종고(9고)가 나왔고, 본격적인 촬영이 시작됐다. 해외 촬영을 고려해 전체 예산 설계가 이뤄졌지만, 코로나19 상황은 나아질 기미가 보이지 않았다. 변승민 대표는 해외 촬영을 어쩔 수 없이 포기한 것을 가장 큰 아쉬움으로 꼽는다. "엔딩의 바이칼 호수 장면은 꼭 현지에서 찍고 싶어서 막판까지 방법을 강구하며 기다렸죠. 물론 직접 가지 않아도 기술적 구현은 가능하지만, 배우의 살갗에 닿는 공기와 바람을 실제만큼 생생하게 전달할 순 없다고 생각해요. 실제로 그곳에 갔을 때만 발생하는 현장감이라는 마법도 있을 테고요. 국내 촬영에서도 섭외 장소를 급하게 바꿔야 하는 등의 변수가 많았습니다. 코로나19 시기에 작품을 진행하면서 어쩔 수 없이 감안해야 했던 것들이죠."

좋은 여성 서사를 넘어

최근 몇 년 사이 한국영화계는 코로나19의 여파로 휘청였지만, 동시에 좋은 여성 서사들이 등장한 시기이기도 했다. <벌새>(2019), <82년생 김지영>(2019), <윤희에게>(2019), <남매의 여름밤>(2020), <내가 죽던 날>(2020), <세자매>(2021) 등의 작품들을 중심으로 다양한 결을 품은 여성 서사는 하나의 분명하고 또렷한 흐름으로 제시됐다.

변승민 대표는 "영화 환경 자체가 기울어진 운동장이라면, 기울어진 방향 안에서 더 적극적인 창작자들의 고민과 반영이 있어야 한다"고 말한다. <소울메이트> 역시 분명 그 연장선상에 선 작품이다. "여성 서사라는 단어 자체가 별도로 필요하지 않을 정도로 자연스러운 현상, 다양한 이야기가 나올 수 있는 환경이 중요하다고 봅니다. 하나의 경향으로 굳이 언급하지 않아도 될 만큼 '여성 주인공'이라는 프레임 자체가 깨졌으면 해요. 그 방향으로 나아가는 데 있어 <소울메이트>가 좋은 디딤돌이자 하나의 계기가 될 수 있다면 좋겠다는 바람을 가지고 있습니다."

민용근 감독은 "어떤 영화가 대의만으로 만들어지는 것은
아니"기에 담백하게 받아들여지는 작품이 되기를 바란다고 말한다.
"여성의 인권이라든가, 정체성의 측면을 강하게 이야기하는 작품은
아니니까요. 다만 인물들을 통해 보여줄 수 있는 촘촘하고 다양한 감정의
결들을 얼마나 섬세하게 표현하는 영화가 될 것인지가 관건이겠죠.
우정과 사랑이라는 고정된 틀을 벗어나 두 명의 인물들이 느끼는 미묘한
감정과 진정한 자신을 찾아가는 과정을 관객들에게 고스란히 전해주는
것. 그게 이 영화의 가장 큰 목표이자 대의라는 생각이 들어요."

2021년 4월 6일, <소울메이트>는 첫 블라인드 시사를 가졌다.
이때 관객들은 어떤 영화를 보는지에 대한 정보가 전혀 없는 상태로
편집본을 보고, 설문 문항의 답변을 작성한다. 작품에 대한 관객들의
호감도와 첫 반응을 파악할 수 있다는 점에서 중요한 자리다. 관객들은
성별이나 연령과 크게 상관없이 고른 호감도를 보였고, 응원과 위로 같은
키워드 반응이 우세했다. 만든 사람들의 바람이 관객들에게 제대로
가닿았다는 하나의 방증이었다.

Part 2

"나랑 헤어지는 일은 없을 거라고.

혼자라도 제주에 남겠다고.

우리가 그때를 같이 보낼 수 있었던 건,

다 네가 해준 그 말 때문이었어."

◦ Character ◦

어린 미소와 하은,
서로를 발견하다

∘ 안미소 ∘

김수형

1998년 여름, 매미 소리가 유난히 나른하게 들리던 날. 열한 살 미소는 제주에 당도한다. 안온한 정착 대신 불안하게 부유하는 삶의 방식을 먼저 알아버린 소녀에게 새로운 교실은 또 하나의 임시 정박지일 뿐이다. 설렘과 생기 대신 무력한 따분함이 미소의 얼굴에 내려앉아 있다. 자리에 착석하길 거부하고 이내 운동장을 가로지르는 미소의 뜀박질은, 닻을 내리고 머무는 대신 돛을 달고 자유롭게 떠나고 싶은 마음의 반영이다. 그게 자신이 꿈꾸는 삶이라는 것을, 어린 미소는 아직 알지 못한다.

별방진에 올라 하늘을 등지고 선 미소의 모습은 교실에서보다 훨씬 생기가 돈다. 뒤따라온 하은에게 선뜻 손을 내미는 미소. 맞잡은 손은 앞으로 두 사람이 함께 보낼 긴 시간의 시작점이 될 참이다. 늘 홀로 도망치던 미소에게 난생처음 빗속을 함께 달릴, 좁은 욕조에 쌍둥이처럼 마주 보고 앉을 수 있는 친구가 생기는 순간이다. "미소는 미손데 안 미소"라 웃지 않던 소녀는 하은에게 처음으로 웃음을 보인다. "온화한 여름은 재미없잖아. 여름 은하수로 해." 하은에게 자기만 알 수 있는 이름의 뜻을 선물하면서.

류지안

미소를 처음 본 하은의 동그란 눈은 더 동그래진다. 마치 오래 손에 쥐고 있었지만 언젠가 잃어버렸던 무언가를 되찾은 듯, 하은의 눈은 가만히 하지만 부지런히 미소를 좇기 시작한다. 늘 호기심보다는 단정한 조심성이 앞섰을 소녀는 교실 창문 너머로 도망치는 미소의 모습이 신기하게만 보인다. 어쩌면 서로를 만나기 이전부터 깊이 이어졌을 두 소녀의 인연은 하은을 자연스럽게 미소에게로 이끈다. 어른들의 눈을 피해 도망치고 숨어버린 미소이지만, 하은은 어렵지 않게 미소를 찾아낸다.

하은은 미소를 통해 처음 경험하는 것들이 많다. 제주에서 나고 자랐지만 두려움에 한 번도 오르지 못했던 별방진도 미소가 내민 손을 잡고 올라가 본다. "이렇게 실눈 떠 봐. 그럼 덜 무서워." 미소의 말대로 하은이 조심스럽게 마주한 세상은, 하은이 평생 바라본 바다가 아니라 제대로 올려보지 못했던 푸른 하늘이다. "여자는 불편해도 좀 참아야 된대. 그래야 나중에 편해진대." 어른들의 말에 의문을 가져본 적도, 말대답을 해본 적도 없는 하은은 자기와는 달리 "불편한 거 싫어"라고 거침없이 말하는 미소가 궁금하다. 눈에 보이지 않는 마음을 그릴 줄 아는 너는 어떤 사람일까. 네가 보는 세상은 어떤 모습일까. 하은에게 미소는 인생의 첫 호기심이다.

영화는 어린 미소와 하은의 모습으로
문을 연다. 성인 배우들이 본격적으로
등장하기 전 둘의 만남부터 대략적인
캐릭터 스케치를 마쳐야 하는 만큼,
어린이 배우들이 짊어진 몫이 적지 않다.
본격적으로 캐스팅 오디션을 시작하기
전 걱정과는 달리 김수형과 류지안은
제작진이 거의 단번에 마음을 결정하게
만든 배우들이다. 데모 영상부터 대면
오디션으로 넘어오는 과정에서 이견이
없었을 정도다. 오디션 당시 나이는 각각
열한 살과 열 살. 동갑내기를 연기했지만
실제로는 김수형이 한 살 언니다.

　　　민용근 감독은 현장에서 미소와
하은처럼 극명하게 갈리던 두 배우의
매력을 인상적으로 기억한다. "수형 배우는
눈빛과 목소리 톤이 나이에 비해 성숙한
느낌이 있었어요. 한 마디를 해도 파장을

남긴다고 할까요. 어린 미소는 불안정한
환경 속에서 자란 아이라 눈치도 빠르고,
성숙하면서도 시니컬한 면이 있었으면
했어요. 수형 배우가 적역이었죠. 한편
지안 배우는 외모 자체가 전소니 배우의
이미지와 많이 닮아 있었어요. 안정된
가정에서 사랑받는 외동딸로 자란
아이인 만큼 적당히 어리광도 있었으면
했는데, 실제로 수형 배우보다 동생이기
때문에 자연스럽게 묻어나오는 느낌들도
좋았습니다."

　　　제작진은 김수형이 현장에서 보인
태도나 말투가 아이의 것이라기보다 단단한
어른의 그것처럼 느껴질 때가 있었다고
말한다. "이런 맛에 연기하는 거지"라는
농담에는 모두의 웃음이 터졌고, 처음
김다미를 만났을 때 "앞으로 어떤 연기를
하고 싶어요?"라고 묻는 데서는 모두의

허가 찔렸다. 반면 류지안은 조심성 많고 사랑스러운 하은의 캐릭터 그대로를 입힌 듯한 모습이었다. 헤어스타일을 변형하는 등의 별도 분장이 필요 없을 정도였다. 손은주 분장실장은 "어린 하은에게서 하은과 미소의 얼굴이 조금씩 다 보였으면 했는데 만나 보니 적역의 캐스팅"이었다고 말한다. 김수형의 경우 촬영 전 분장팀의 제안으로 머리카락 길이를 단발로 잘랐다. "어릴 때부터 부모 손길을 많이 받고 자란 아이는 아니니까, 단정한 단발보다는 끝을 날리는 컷이 어울리겠다 싶었죠. 방치된 느낌을 줄 수도 있고 이후 등장할 김다미 배우 헤어스타일과도 자연스럽게 이어지고요." 손 분장실장의 말이다.

길지 않은 촬영 분량이었지만 두 어린이 배우는 이내 애착 관계를 형성하기 시작했다. 카메라가 돌지 않는 순간에는 각자 현장에 동행한 엄마를 찾는 대신 서로에게 의지했다. 류지안은 "언니가 항상 옆에 있었으면 좋겠다"는 말을 곧잘 했다. 촬영을 마친 이후에도 두 사람은 자주 만나 시간을 함께 보내는 좋은 친구가 됐다. 김수형은 강원도 원주에 살지만, 먼 거리는 장벽이 되지 않았다. 사실 두 어린이 배우의 인연은 대면 오디션 때 바로 앞뒤 순서를 부여받았던 것부터 시작이다. 민용근 감독은 "복도에서 마주쳤을 때부터 왠지 서로 같이 연기하게 될 것 같다고 생각했다"는 두 배우의 말을 나중에야 전해 들었다. 영화 안팎으로 폭넓게 원을 그려나갈 배우들의 소울메이트적 관계가 첫 만남부터 이미 시작되고 있었던 셈이다.

고양이 엄마

처음 친구가 된 날 미소와 하은은 빗속에서 새끼 고양이 한 마리를 발견해
집으로 데려온다. "다정하게 부를 수 있어서" 미소가 엄마라 이름 지은
이 고양이의 평생은, 미소와 하은이 함께 한 세월이 된다. 현장에서는 성묘
두 마리, 그보다는 조금 어린 고양이 한 마리, 아기 고양이 두 마리까지
총 다섯 마리가 엄마를 연기했다. 제작진은 동물 연기 조련 업체가 아닌 전문
분양사를 통해 고양이를 섭외했다. 그중 가장 오래 현장에서 연기한 일곱 살
마루를 위해서는 별도의 현장 수칙도 만들었다. 그 내용은 다음과 같다.

- 저는 낯선 환경과 낯선 사람을 보면 구석으로 숨어요. 그렇다고 소심한 성격은
  아니니까, 저에게 너무 갑작스럽게 다가오지 말고 시간이 걸리더라도 천천히
  다가와 주세요!
- 저에게는 첫인상이 제일 중요해요! 다짜고짜 손을 내밀지 말고, 저의 귀나 코
  근처를 봐주세요. 첫 만남부터 제 눈을 뚫어지게 쳐다보면 저를 공격한다는
  뜻으로 오해할 수 있어요.

- 이제 저랑 몇 번 얼굴을 마주쳤다면, 제 눈높이에 맞춰서 저에게 말을 걸어주세요.
- 저에게 말을 걸 때는 너무 큰 소리나 '야옹~' 소리를 내지 말아주세요. 저는 소리에 예민해서, 차분하고 부드러운 목소리를 좋아한답니다.
- 저는 간식과 놀이에 약해요. 츄르를 주면 누나, 형들에게 달려갈 수도 있답니다. 제가 나이도 있다 보니, 놀이에 빨리 지루함을 느낄 수 있어요. 그래도 놀아주세요!
- 저랑 친해졌다고 해서 방심하면 안 돼요. 저는 까다로운 녀석이라, 제가 싫어하는 행동을 하면 마음이 돌아설 수 있어요. 저는 머리와 배를 만지는 걸 싫어하니, 저를 만지고 싶다면 턱과 뺨을 만져주세요!

미소와 하은의 성장에 맞춰 조금씩 나이를 먹은 모습으로 등장하는 엄마. 시기에 맞는 목소리를 부여하는 건 사운드 팀의 몫이었다. 마침 IMS studio 박용기 대표는 새끼 고양이를 돌보았던 '유경험자'였다. "예전에 길고양이를 데려다 키운 적이 있는데, 새끼를 여섯 마리나 낳았어요. 그때 소리를 녹음해둔 걸 쓰면 좋겠다 싶었는데, 현장에서 실제 고양이가 내는 소리와 제가 가진 것이 다르더군요. 결국 수많은 고양이 사운드 라이브러리 사이에서 현장에서 연기하는 고양이와 음색이 최대한 비슷한 것을 찾아서 다듬었어요. 고양이도 사람처럼 음색이 전부 다르기 때문에 아무것이나 쓸 순 없거든요. 게다가 라이브러리 자료는 대부분 성묘의 사운드이다 보니 어린 고양이 소리를 만들려면 일일이 주파수를 높여야 해요. '골골골' 소리를 넣을지, 작게 '냐옹'하는 소리를 선택할지도 화면과 맞춰보며 결정해야 하죠."

◦ Character ◦

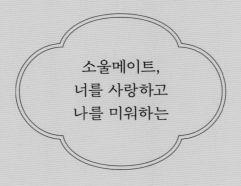

소울메이트,
너를 사랑하고
나를 미워하는

김다미

"아, 나도 딱 10년만 폭풍처럼 살다가 딱 스물일곱에 죽고 싶다." 열일곱 살 미소에게 재니스 조플린은 자유의 다른 이름이다. "제일 빛났을 때 죽었으니" 그게 '진짜'라고 믿는다. 하지만 자유롭게 산다는 것이 구체적으로 무엇을 뜻하는지, 아직도 미소는 알지 못한다. 어쩌면 하은의 곁이기만 하다면 모든 것이 괜찮지 않을까. 끝을 알 수 없는 도피가 아니라 돌아올 곳이 있는 채로 떠나는 여행이 될 수 있지 않을까. 하은과 함께 할 때면, 미소는 속으로 그런 생각을 하고 있는 듯 보인다.

하지만 진우라는 변수로부터 시작된 관계의 균열이 의도하지 않은 방향으로 미소를 부추긴다. 미소에겐 처음으로 하은에게 말할 수 없는 비밀이 생겨버렸다. 그 비밀이 하은에게 더 큰 상처가 되지 않도록, 미소는 자신이 떠나는 길을 선택한다. 이제는 자유롭게 어딘가로 나아가는 것보다 하은의 곁에 머무르는 것을 더 원하게 됐다는 것을 알면서도. "그게 이유의 전부야?" 떠나는 진짜 이유를 묻는 하은에게 제대로 답하지 못한 채로 미소는 멀어진다. 사람의 눈에 보이지 않는 마음을 그릴 줄 알던 미소는 그렇게 제 마음을 제대로 들여다보는 데는 실패하고 만다.

하은과 떨어져 지낸 시간들은 원래의 자리로 미소를 돌려놓았다. 미소는 매일 자기 자신을 속이며 살아간다. "여행도 많이 하고 그림도 정말 제대로" 그리고 있다던 모든 말들은 가짜다. 하은에게 보낸 편지 속 미소가 "다들 나를 많이 좋아해준다"고 기쁘게 이야기할 때, 현실의 미소는 낯선 도시에서 기댈 곳 하나 없는 처지다. 편지 속 미소가 시베리아 횡단열차에 오를 때, 현실의 미소는 난장판이 된 호텔 객실을 치우고 있는 청소 노동자다.

마침내 하은 앞에 다시 나타났을 때도 미소는 거짓의 옷을 벗을 수 없다. 미처 말하지 못했던 것들을 속으로만 삼킨 채 켜켜이 쌓인 시간의 벽은, 두 사람이 서로에게 가닿을 수 있는 솔직한 길을 가로막는다. 네게 모든 것을 털어놓고 싶다는 말은 "넌 내가 어떻게 살았는지 죽었다 깨어나도 모를 것"이라는 원망으로, 너를 두고 떠나기 싫었다는 말은 "나 서울 갈 때 너 속으로 기뻐했잖아"라는 가시가 되어 하은을 찌른다. 그렇게 또 한 번, 미소는 도망치듯 하은의 곁을 떠난다.

이후로도 불행은 쉴 틈 없이 다양하게 얼굴을 바꾸며 미소에게 날아든다. 마치 사랑하는 이를 곁에 둘 자격 없이 태어난 사람처럼 미소는 자꾸만 혼자가 된다. 그리고 기어이 가장 만나고 싶지 않던 모습으로 하은을 다시 만나는 순간, 미소는 전에 없이 약한 존재다. 필사적으로 감추려던 미소의 결핍은 초라하게 발가벗겨진 채 차가운 욕실 바닥에 뒹굴고 있다. "맞아, 너 없이 난 아무 것도 아니지... 근데 우리 왜 이렇게 된 거야?" 언젠가 다른 시기에 이 말을 했더라면 우린 달라졌을까. 울음을 터뜨리는 미소의 얼굴은 고통으로 일그러진다.

◦ 고하은 ◦

전소니

열일곱 살 하은에게 미소는 여전히 가장 궁금하고 소중한 세계다. "너 나보다 먼저 죽으면 내가 죽여 버릴 거야." 스물일곱에 죽고 싶다는 미소의 맹랑한 다짐을 듣고 한심해 하는 대신 눈물부터 글썽일 정도로. 하은은 자기보다 넓은 꿈을 꾸고, 큰 세상을 바라보는 미소의 자유로움을 사랑한다. 그것이 나의 꿈이 아니어도 너의 꿈이기에 소중하다.

동시에 언젠가부터 미소 아닌 다른 사람의 존재도 하은의 안에서 점점 커져만 간다. 진우는 그려보고 싶은 존재다. 하은은 그 사람을 바라보는 자신의 마음을 알고 싶다. "똑같이 그리다 보면 그 사람 얼굴이 아니라 내 마음이 보여. 그래서 최대한 똑같이 그려야 돼. 꾸미지 말고, 최대한 똑같이." 하은의 눈은 진우의 얼굴을 좇고, 연필을 쥔 손은 자기 자신에게로 향한다. 마음을 자각하는 일. 그건 하은에게 추상적인 형태를 상상하는 것이 아니라 내 눈에 비친 또렷한 형태로 기억하는 것을 의미한다.

둘에서 셋이 되더라도 관계는 온전할 수 있다는 하은의 착각은 순진하다. 얼마 지나지 않아 하은은 처음으로 미소가 비밀을 감춘 채 자신에게서 멀어지는 뒷모습을 본다. 하은의 20대는 떠나는 미소를 붙잡지 못한 후회와 자책 그리고 미소를 향한 미움 그 사이 어딘가에 비스듬히 서있는 모습으로 시작된다. 안정된 것, 변화하지 않는 환경만이 하은의 불안을 잠재운다. 동시에 미소에 이어 진우까지 곁에 없는 하은의 세계는 자꾸만 작아진다. "난 누군가를 떠나보내기만 하네. 어른이 되면 무뎌질까?" 하은은 처음으로 '관계 안에서의 나'를 떠나 홀로 선 자기 자신을 들여다보는 중이다.

20대가 되어 다시 만난 미소는 이제 더는 하은의 평화가 아니다. 미소가 여전히 진우의 목걸이를 가지고 있다는 것을 알게 됐을 때 하은이 진짜로 대면한 건, 지금껏 모르는 척 애써 묻어두기만 했던 마음들이다. "나 말고 없어. 나 말고 이 세상에 널 사랑했던 사람은 아무도 없다고!" 미소 앞에서 하은의 눈물은 네가 밉고 싶다고 외치는 대신 내가 널 얼마나 사랑했는지를 말하면서 터져버린다. 애꿎은 말은 너에게로, 진짜 원망은 나에게로.

원했든 원하지 않았든 누구에게나 앞으로 나아가야 하는 순간이 온다. 하은에게는 지금이다. 결혼이라는 결속 대신 홀로이기에 두렵지만 "스스로 행복해질" 수 있는 길을 찾아 나선다. 별방진에 실눈을 뜨고 오르던 때처럼, 처음으로 제주를 떠나는 비행기에 오른 하은이 꼭 감았던 눈을 가만히 뜬다. 그 앞에 무엇이 펼쳐질지 아직은 알 수 없지만, 하은은 10대 시절의 중력으로부터 이제 막 자유로워지려는 참이다.

김다미의 캐스팅 확정 뒤 감독 버전의
시나리오 초고가 나올 때까지만 해도,
김다미가 미소와 하은 중 어떤 역할을 맡을
지는 결정되지 않았다. 다만 이 시기의
민용근 감독은 김다미를 하은에 먼저
대입해보고 있었다. "전작 <마녀>(2018)와
<이태원 클라쓰>(2020, JTBC)에서 김다미
배우가 연기한 캐릭터가 동적이고, 개성이
강하잖아요. 어떻게 보면 미소와 쉽게
이어지는 느낌이죠. 이와는 정반대로,
표현하기보다 속으로 억누르는 하은
역할을 입혀보면 어떨지 궁금하더라고요."

같은 시기 김다미의 마음은 점차
미소 쪽으로 기울고 있었다. 느슨하게 첫
의견을 교환한 감독과 배우는 얼마 간
숙고의 시간을 가졌고, 다시 솔직하게
대화를 나눴다. 민용근 감독은 이때
김다미가 들려준 말들이 결정적이었다고
말한다. "10대 시절에는 자유롭고

엉뚱하다가 시간이 흐르면서 나락으로
떨어지고, 다시 서서히 채워지는 감정들을
표현해보고 싶다는 배우의 의지가 컸어요.
자기주장이 강하다기보다 '이 사람에게
미소를 맡기고 싶다'는 확신이 설 만큼
설득력 있는 말들이었죠."

하은의 얼굴을 결정하는
과정은 몇 번의 우연을 가장한 인연이
끈끈한 신뢰가 된 케이스다. 민용근
감독이 전소니의 모습을 처음 본 것은
<악질경찰>을 통해서였다. 이 영화의
제작자이자 감독의 전작인 <혜화, 동>의
프로듀서였던 청년필름 심현우로부터
배우에 대한 간단한 인상을 전해 들었던 게
시작이다. <악질경찰> 속 미나는 민용근
감독이 전소니를 "눈빛이 좋고, 다양한
영감을 떠올리게 하는 얼굴을 가진 배우"로
인식하는 계기였다.

이후 두 사람은 전소니의 전작인

<밤의 문이 열린다>(2019) 상영 후 관객과의 대화 자리에서 처음 만났다. <소울메이트>가 본격적인 투자 진행을 시작하기 전, 민용근 감독이 순수한 관객의 입장으로 참석한 자리였다. 가벼운 인사만 나눴던 두 사람은 지인의 병문안을 갔다가 또다시 우연히 만났다. 원작 영화의 팬이었던 전소니가 <소울메이트>의 제작 소식을 들은 이후라 자연스럽게 이야기를 나누긴 했지만, 캐스팅을 염두에 둔 대화는 아니었다.

전소니에게 정식으로 시나리오가 전달된 때는 그로부터 6~7개월가량 시간이 흐른 뒤였다. 민용근 감독은 여러 후보군 사이에서 내심 마음을 굳힌 상황이었다. "<악질경찰>의 이미지 때문인지 사람들이 전소니 배우를 반항적인 이미지로 인식하는 것 같았어요. 하지만 대화를 나눠보면, 내면이 무척 단단한 사람이라는 게 느껴지죠. 감정을 바로 분출하지 않고 속으로 많은 것을 응축하고 있는 느낌이 하은과 잘 맞겠다고 생각했습니다."

전소니는 민용근 감독의 제안이 무척 기뻤지만 "원작 영화를 향한 애정 때문에 제대로 읽지 못할까 봐 최대한 비판적인 시선으로" 시나리오를 읽으려 했다고 회상한다. "김다미 배우가 미소를 연기하기로 이미 결정된 뒤였기 때문에, 제가 미소 역할에 더 애정을 느끼게

되면 어떡하지 하는 걱정도 들었어요. 하지만 시나리오를 보자마자 바로 하은을 사랑하게 됐어요. 저는 평소 제가 느끼는 감정과 생각을 파고들면서 분석하는 성향이 있는 사람인데, 하은에게는 바로 마음이 열리더라고요." 전소니의 말이다.

시나리오에는 깜짝 선물 같은 묘사도 들어있었다. 극 중 미소가 일하는 라이브 클럽에서 세 주인공은 처음으로 다 같이 만난다. 미소는 진우가 얼마나 하은에 대해 잘 알고 있는지 시험하고, 많은 것을 안다고 자부했던 진우는 하은의 오른쪽 볼에 점이 있다는 사실을 그제야 깨닫는다. 이는 전소니의 얼굴을 오래 들여다 본 민용근 감독이 만든 설정이다. 실제로 전소니의 볼에는 작은 점이 있다.

하은 역할의 캐스팅 소식을 들은 김다미는 "언젠가 한 번은 만날 것 같던 배우 전소니를 이번 작품에서 만나게 된" 사실에 기뻤다고 말한다. "촬영 전 사적으로 처음 만났던 순간부터 이야기가 잘 통했어요. 제가 낯을 많이 가리는 성격이라 그런지 신기하게 느껴졌어요. 언니와 제가 정말 하은이와 미소처럼 될 수 있겠구나 하고 기대됐어요." 전소니의 생각은 어땠을까. "저는 다미를 처음 봤을 때부터 그냥 '저 사람이 나의 미소'라고 생각했어요."

닮은 듯 다르고 다른 듯 닮은

동전의 양면처럼, 물감의 농도가 다르게 묻은 좌우 대칭의 그림처럼. 미소와 하은은 닮은 듯 다르고 다른 듯 닮은 사람이다. 애초에 두 사람이 아니라 한 사람의 인생을 시기에 따라 둘로 나눠놓은 듯 보이기도 한다. 배우들이 가진 이미지도 마찬가지다. 김다미는 미소를 연기하지만, 때로 그에게는 잔잔한 물결에서 느껴지는 듯한 무던함과 안정감이 묻어 나온다. 전소니는 하은에 최적화된 배우처럼 보이지만, 이리저리 자유롭게 흔들리는 성정을 지닌 사람이기도 하다. "원작 영화 캐스팅도 처음에는 반대였다고 들었어요. 어쩔 수 없이 <소울메이트>의 두 배우는 어느 정도 닮은 부분을 나눠가진 사람들이어야 하겠구나 싶었죠." 전소니의 말이다.

　　민용근 감독은 김다미와 전소니가 "머릿속에 떠올리는 캐릭터와 장면의 인상을 둘이 낱낱이 공유하고 있는 것처럼 비슷한 해석"을 보여줬다고 말한다. 반면 연기의 방식은 완전히 달랐다. "다미 씨는 리딩과 리허설에서 늘 20~30%만 보여주는 배우예요. 감정을 미리 연습하고 반복하면서 생기는 관성을 경계하는 것 같다고 느꼈어요. 실제 촬영 현장에서 카메라가 돌아갈 때 느껴지는 신선함을

중요하게 생각하는 것 같았고요. 저 역시 촬영 전에 의견은 충분히 나누되, 배우가 어떻게 연기를 할지 미리 확인하는 게 중요하지 않다고 점차 생각하게 됐죠. 막상 촬영에 들어가면 그 자리에서 툭 표현하는 것 같은데도 가장 정확한 해석을 보여주거든요. 계산된 감정으로 표현하는 것이 아니라, 머릿속에서 여러 느낌을 간직하고 있다가 촬영 당일, 그 순간에 느껴지는 자신의 감정과 상대 배우의 액션을 보고 유연성 있게 대응하는 것 같아요. 지금 생각하면 '미소다움'을 잃지 않기 위한 이 배우만의 방법이지 않았을까 싶어요."

　　전소니의 경우는 완전히 달랐다. 김다미의 연기가 테이크가 반복될수록 다양하게 변화하는 느낌이라면, 전소니는 세심한 빌드 업을 거쳐 하나의 정확한 점으로 수렴하는 방식의 연기를 보여줬다. "작품 전체의 맥락과 캐릭터의 레이어를 섬세하게 읽어내는 능력이 탁월해요. 상대방의 이야기를 진심을 다해 듣고 이해하려는 태도가 그 배우의 집중력을 높여주는 원동력인 것 같아요. 캐릭터에 접근하는 방식이나 연기의 표현을 하나하나 정확하게 구축하는 인상을

줍니다. 엄청난 준비를 통해 캐릭터와 이야기가 '진짜'라고 느끼는 순간이 이 배우에게 무엇보다 중요한 부분인 것 같아요. 그 순간마다 전소니 배우의 눈빛에는 아주 풍부한 이야기와 감정이 담겨있어요." 민용근 감독의 설명이다.

　　10대 시절에는 뚜렷하게 다른 미소와 하은의 캐릭터를 표현하고, 이후 두 사람의 인생이 교차하며 서로의 모습으로 닮아가는 배우들의 여정에는 키스태프들의 적극적인 해석 역시 더해졌다. "스스로 배우라는 마음가짐"으로 임한 강국현 촬영감독의 카메라는 두 캐릭터의 시선이자 감정 그 자체가 되어 현장을 누볐다. 이는 결과적으로 배우들에게 "내가 모든 걸 채우지 않아도 나와 함께 인물을 만들어주는 사람이 있다는 걸 느끼는"(전소니) 과정이었다.

강국현 촬영감독은 "부모의 영향을 받았다고는 하지만 결국 자기 자신이 만든 틀에 갇힌" 하은을 담아내는 촬영은 고정으로, "한계에 직면할 때마다 어디론가 뻗쳐 나가려는" 미소를 담아내는 촬영은 핸드헬드로 찍었다. 두 사람의 인생이 본격적으로 교차하기 전이지만 미소를 안정적인 화면에 담아낸 장면도 있다. 서울로 올라와 미술 학원에서 입시 준비를 하는 미소의 몽타주 장면에서 카메라는 움직임이 없다. 이때의 미소는 잠시나마 안정적인 삶을 꿈꾸고 있기 때문이다.

누구의 시점과 기억이냐에 따라 카메라에 담기는 진우의 모습도 달라진다. 강국현 촬영감독은 "두 사람이 기억하는 진우가 다르기 때문"이라고 말한다. "하은이 바라보는 진우는 조금 더 진중하고 신뢰가 느껴져야 하죠. 반면 미소가 바라보는 진우를 표현할 때는, 카메라가 보다 편안하고 자유롭게 움직입니다." 영화가 시네마스코프(2.35:1) 대신 1.85:1의 화면비가 된 것 역시 '시점과 기억의 이야기'라는 점을 염두에 둔 강국현 촬영감독의 선택이었다. "사람들의 시선을 화면의 정중앙에 있는 인물에게 붙들어두고 싶었습니다. 시네마스코프는 가로가 길기 때문에 좌에서 우로 가든, 가운데에서 양쪽으로 퍼지든 관객 각자의 시선에 흐름이라는 게 생기니까요. 인물의 감정 대신 제주도 풍광을 광활하고 아름답게 담고 싶은 유혹을 차단하는 것 역시 중요했습니다. 그게 중요한 영화가 아니니까요."

서로의 마음을 읽어낸 순간들

"두 배우가 카메라 앞에서 서로의 얼굴을 보면, 그때만 생성되는 고유한 감정들이 있다고 하더라고요. 그 감정이 너무 강하게 공유돼서 이쪽에서 저쪽으로, 다시 저쪽에서 이쪽으로 쉴 새 없이 넘나든다고요. 이별한 사람들도 아니면서 촬영이 없을 땐 서로 너무 보고 싶어 하기도 했어요. 점점 애틋한 사이가 되는 게 눈에 보여서, 지켜보는 저도 신기했습니다." 김다미와 전소니가 작품 안팎으로 소울메이트가 되어가는 과정을 가장 가까이에서 지켜본 최초의 목격자 민용근 감독의 말이다.

단순한 우연이라기에 두 사람 사이에는 신기한 연결의 순간들이 많았다. 이야기는 촬영 전으로 거슬러 올라간다. 수정고를 받을 때마다 큰 감정의 동요를 느끼던 배우들이 유일하게 반응하지 않은 버전의 시나리오가 있었다. 민용근 감독의 설명에 의하면 "거칠지만 감정의 결이 강하게 살아있던 기존의 시나리오를 매끈하게 다듬은" 버전이었다. 다음날 감독과 논의를 앞두고 배우들은 각자의 생각을 정리하는 밤을 보냈다.

미팅 순서는 김다미가 먼저였다. 김다미가 너무 매끈해진 시나리오에 대한 우려의 의견을 전달한 뒤, 전소니가 민용근 감독에게 메모해온 것들을 차례로 이야기하기 시작했다. 한동안 듣고 있던 감독이 말을 끊고 물었다. "잠깐만, 다음에 '엄마' 부분 고친 거 얘기할 거야?" 동석해있던 김다미의 웃음이 먼저 터졌다. 전소니는 앞서 김다미가 지적했던 것들을 자신이 순서 하나 틀리지 않고 똑같이 지적하고 있다는 사실을 깨달았다. 배우들은 이 순간을 "시나리오를 검토하면서 너무 나무만 보고 있는 게 아닌가 싶을 때가 있는데, 함께 연기할 배우가 같은 생각을 하고 있음을 알고 용기가 생겼던" 때라고 떠올린다.

진우 집 욕실 장면을 촬영하던 날에도 두 배우는 서로의 상태를 정확히 읽어냈다. 미소와 하은이 묵혀왔던 감정을 터뜨리면서 극의 정점을 이루는 장면인 만큼, 잘 하고 싶다는 다짐과 해내야만 한다는 부담이 얽힌 촬영이었다. 욕실에 들어선 하은이 샤워기 물을 틀어 미소에게 뿌리면서 본격적인 장면의 흐름이 시작된다. 김다미의 대사를 듣고 샤워기를 집어 든 전소니는 순간 알 수 없는 불편함을 느꼈다고 말한다. "카메라는 계속 돌고, 다미도 제게 아무

말을 않는데 뭔가 느껴지는 거예요. 지금 이대로 촬영을 지속하기엔 다미의 마음이 어딘가 최선으로 편안하지 않다는 게요. 그대로 물을 틀면 다음 테이크를 가기 위해 다미가 몸을 말리는 시간이 필요하잖아요. 제가 고민한 시간이 실제로는 굉장히 짧았겠지만, 머릿속에서 정말 수많은 생각이 스쳤어요. 그냥 뿌릴까, 내가 여기서 멈추는 건 주제넘는 짓 아닐까. 결국 에라 모르겠다 하는 마음으로 물을 틀지 않았어요. 당연히 '컷' 소리가 났고, 모두 '물이 안 나와요?'라고 물었죠. 저는 그냥 어물쩍 넘어갔어요." 모니터 앞에 앉았을 때, 김다미는 전소니에게 "어떻게 알았어?"라고 물었다. 못내 불편하고 만족스럽지 않았지만, 스스로 연기를 끊을 수는 없었던 상황이었다는 고백과 함께.

함께 촬영하지 않는 순간에도 두 사람은 강렬한 연결을 느꼈다. 미소와 하은이 차례로 머물게 되는 산동네 방 세트 촬영이 있던 날이다. 낮에 먼저 출근한 김다미는 벽에 작게 스마일 무늬를 그려 넣는 장면을 촬영했다. 이어서 저녁 촬영을 나온 전소니가 벽을 바라보는 몽타주를 촬영할 때였다. "가끔 정말 최고의 집중력이 만들어졌을 때, 촬영 현장이라는 자체를 잊고 이 모든 걸 진짜로 믿어버리게 되거든요. 그날이 그랬어요. 벽을 바라보는데 스마일 무늬를 그리고 있는 미소가 눈앞에 보이는 거예요. 그 순간 눈물이 왈칵 쏟아졌는데, 우는 장면이 아니었어요. '죄송합니다, 다시 할게요'하면서 모니터 앞에 앉았는데 감독님이 '둘 다 진짜 웃긴다'라고 하시는 거예요. 알고 보니 낮에 다미도 똑같이 울고 갔다는 거죠(웃음)."

김다미와 전소니는 "서로의 눈에 대롱대롱 매달려서" 자신의 캐릭터를 연기할 수 있었던 순간이 영화에 가득 담겼다고 말한다. "지금만큼은, 이 영화를 촬영하는 동안에는 우리가 정말 소울메이트일지도 모르겠다고 생각했어요."

선택과 집중, 인물별 룩(look)의 구현

미소와 하은이 함께 겪은 세월 동안 서로
달랐던 두 사람의 성향은 조금씩 섞여들고,
나중에는 마치 애초에 서로가 가졌던
모습처럼 교차된다. 이는 의상의 차이와
변화에서도 확연히 드러난다. 신지영
의상실장은 색상으로 미소와 하은의
캐릭터에 구분을 뒀다. 어디로 튈지 모르는
미소의 성격을 반영한 색상은 레드와
오렌지 계열, 반대로 조용하고 차분한
하은의 경우에는 그린과 민트, 파스텔블루
등을 주로 썼다.

이 대비는 감정적 연결이 중요한
장면마다 더욱 두드러진다. 체오름 동굴에
오를 때 미소는 붉은 계열의 티셔츠,
하은은 민트색 셔츠 차림이다. 두 사람이
처음으로 이별하는 제주항 시퀀스에서도
마찬가지다. 떠나는 미소는 붉은색 체크
셔츠를, 남겨지는 하은은 연둣빛이 도는
니트 가디건을 입고 있다. 반면 서로 떨어져
있는 20대의 시간 동안 조금씩 채도를 잃고
미색에 가깝게 변한 두 사람의 핵심 컬러는,
진심을 나눈 이후 점차 서로의 성향대로

뒤바뀐다. "넌 예전의 나처럼, 난 예전의 너처럼"이라는 하은의 내레이션대로다. 창문을 통해 그림을 그리는 두 사람이 연결되는 후반 장면에서 미소는 민트색 니트를, 하은은 붉은색 체크 셔츠를 입고 있는 것이 대표적이다.

전체 의상 중 체크와 스트라이프 정도를 제외하곤 특정 패턴이 눈에 띄게 드러나는 것은 없는데, 이는 민용근 감독의 취향이다. 미소와 하은의 10대 시절 배경이 2004~2005년경이라는 점도 중요한 기준이었다. "사실 이 시절 패션이 정말 촌스럽거든요. 1990년대 분위기와는 또 다르죠. 핏이나 레이어링 소재 등 전부 조금씩 애매해요. 진우의 경우 시대를 제대로 재연하려면 통이 정말 큰 힙합바지를 입었어야 할 거예요. 하지만 그건 캐릭터에도 맞지 않죠. 시대성은 조금 누르면서, 하지만 지나치게 세련된 느낌은 배제하는 것이 숙제였어요." 신 의상실장의 말이다. 그가 레퍼런스 삼았던 영화 중 하나는 <연애소설>(2002). 시나리오에 정확히 묘사되어 있던 어린 미소의 '베네통 책가방' 등 일부 의상 소품은 모두 중고 거래 플랫폼을 통해 구매했다.

미소는 영화에서 헤어스타일 변화가 유독 많은 인물이다. "다양하게 메이크업을 바꾸는 건 오히려 배우의 얼굴에 방해"라는 인상을 받았던 손은주 분장실장의 판단 덕분이다. 제주도에 머물던 10대 시절 미소는 2000년대 중반 유행하던 샤기 컷 단발머리 차림이다. "미소는 자유분방한 인물이잖아요. 상업 고등학교를 다닌다는 설정이니까 교칙도 덜 까다로웠겠죠. 그래서 머리카락에 브릿지를 넣어볼까도 고심했어요. 그런데 미소는 하은의 집에 자주 놀러 가면서 처음으로 포근함을 느끼고, 하은의 부모님께 예쁨 받잖아요. 어른들의 눈에 거슬리고 싶지 않으면서 계속해서 잘 보이고 싶은 마음이 있는 인물일 거라고 생각했어요. 하은의 집에서는 말도 더 예쁘게 하려 하고, 조신하게 구는 듯 보였거든요. 아무래도 탈색은 선택하지 않았을 것 같더라고요."

체오름 동굴에 오르기 전, 하은은 앞서가는 미소를 불러 세워 사진을 찍는다. 뒤돌아보는 미소의 얼굴은 내내 중요하게 등장하는 그림 속 모습이기도 하다. 분장팀은 시나리오의 이 묘사에서 미소의 헤어스타일을 결정할 중요한 힌트를 포착했다. "그림 한 장만 보더라도 미소가 어떤 캐릭터인지 설명된다고 생각했어요. 발랄하고 생동감이 느껴져야 하는 거죠. 그러려면 뒤돌아볼 때 머리카락이 가볍게 휘날리는 스타일이 어울리겠다고 판단했고요. 10대 시절 미소의 헤어스타일은 애초에 그 장면을 생각하고 역으로 콘셉트를 파악해 결정한 경우입니다. 그렇게 어린 미소의 단발머리도 완성했죠."

제주에 다시 돌아오기 전 서울에서 시간을 보내는 동안 20대 미소의 머리카락 길이는 미세하게 변화한다. 김다미는 브릿지를 넣은 긴 붙임 머리를 착용한 채 길이를 조금씩 다듬으며 시간의 흐름을 표현했다. 다만 대부분 머리카락을 묶고 있기 때문에 그 변화가 드라마틱하게 눈에 띄진 않는데, 외적인 변화보다는 "머리 한번 만질 수 없이 쉴 틈 없는 고단한 일상"이 더 크게 묻어났으면 하는 민용근 감독의 바람 때문이었다. "화면에 잘 보이진 않을 텐데, 고되게 생활하고 있긴 하지만 미소가 자신만의 감성은 갖고 있을 거라고 생각했어요. 머리는 질끈 묶고 있지만 손톱에 스티커와 작은 반짝이를 붙여주는 식이었죠." 손 분장실장의 설명이다.

엄마를 닮아가는 미소

20대 중반, 오랜만에 진우를 다시 만났을 때 미소는 낯선 모습을 하고 있다. 굵고 긴 웨이브 헤어에 블라우스 차림인 미소는 어딘가 맞지 않는 옷을 입은 사람 같다. 손은주 분장실장은 이 장면에서 "자기를 버리고 떠난 엄마를 절대 닮고 싶진 않았지만 늘 불안정했던 엄마의 모습을 자기도 모르게 닮아가는" 미소의 모습을 표현하면 좋겠다고 판단했다. 그렇게 탄생한 것이 마치 과거의 엄마와 같은 미소의 헤어스타일 그리고 색상의 연결이라는 아이디어다. 어린 딸을 제주도에 두고 떠나던 미소의 엄마는 붉은색 원피스 차림인데, 담배를 물고 불을 붙이는 미소의 손톱에 같은 색상이 칠해져있다. "원래는 붉은 립스틱으로 표현하고 싶었어요. 그런데 배우 얼굴에 그다지 어울리는 느낌이 아니었죠. 그렇다고 옷을 똑같이 입히는 건 너무 직접적인 것 같아서 고민할 때, 민용근 감독이 손톱을 칠해보자는 아이디어를 주셨어요. 그 장면의 미소는 '나 잘나가, 괜찮아'라는 것을 진우에게 보여주고 싶어 하지만, 담배를 쥔 손은 전혀 편안해 보이지 않죠. 배우가 인물의 감정을 훨씬 수월하게 표현해낼 수 있도록 분장팀에서 작은 의견을 더한 거예요."

처음 만나는, | 미소라는
애처로운 자유

Interview

김다미

아직 시나리오도 없고, 연출가도 정해지지 않은 상황에서 프로젝트 합류를 결정했습니다. 어떤 마음이었나요?

처음 이야기가 오간 건 <이태원 클라쓰> 촬영을 시작하기도 전이에요. 대표님(앤드마크 권오현) 추천을 받아서 원작 영화를 봤는데 너무 좋았어요. 두 여성 캐릭터의 우정과 사랑을 내밀하게 그린 점도 좋았고, 이야기 자체가 무척 아름답다고 느꼈어요. 어린 시절의 아련한 추억, 친구들에 대해 떠올리게 되더라고요. 꼭 한번 연기해보고 싶은 캐릭터와 이야기라는 생각이 들었어요. 어떤 분이 연출하게 될지는 나중 문제라고 느낄 정도로요.

'꼭 한번 연기해보고 싶은 캐릭터'의 필요조건이 있었을 텐데요.

미소와 하은이 모두 성장해간다는 점이 중요했던 것 같아요. 어린 시절에는 순수하게 서로 아끼며 우정을 쌓다가, 어른이 되어가면서 각자 많은 것들을 겪고 변화하잖아요. 연기로 그걸 표현해낼 수 있는 기회라는 점이 매력적으로 다가왔어요.

리메이크는 배우들에게 적지 않은 부담을 안기는 작업입니다. 원작 영화가 큰 사랑을 받고, 먼저 연기한 배우의 인상이 짙게 남은 작품일수록 더욱 그렇고요.

아무래도 초반에는 부담이 있었죠. 원작의 캐릭터대로 연기할 수는 없을 것 같은데, 그 모습을 사랑했던 관객들이 기대하는 바도 있을 테니까요. 부담만 쌓일 것 같아서 원작 영화는 처음 한 번 보고 이후에 아예 떠올리려고 하지 않았어요. 다르게 만들어질 것 아니까요. 민용근 감독님이 합류하시고, 배우들이 결정되면서 그 믿음은 더 확실해졌어요. 함께 만들어가는 과정에서 '우리만 만들 수 있는 것이 있다'는 생각이 들었죠.

연기해보고 싶은 캐릭터와 내가 본능적으로 이해할 수 있는 캐릭터는 다를 수 있다고 생각해요. 미소는 잘 이해할 수 있는 인물이었나요?

인물이 저와 같을 순 없으니까, 연기는 결국 그 인물을 이해하려고 노력하는 과정에 가까운 것 같아요. 읽어서는 이해할 수 없는

감정이더라도 연기해내는 제가 끝까지 모르면 안 되니까요. 미소를 더 잘
이해할 수 있게끔 소니 언니와 하은에 대해서도 많은 이야기를 나눴어요.
지금까지 제가 캐릭터에 접근하는 방식은 비슷했었어요. 저와 공통적인
부분을 찾아내려 하고, 다른 부분은 나름대로 체득하려 노력하는 과정을
거쳐요. 10대 시절의 미소는 장난기 많고 자유로운 인물처럼 보이니까
제가 가진 밝고 긍정적인 모습을 최대한 끌어내려고 했죠.

**하은을 연기할 배우 캐스팅을 기다릴 때 구체적으로 기대한 점이
있었나요?**

하은뿐 아니라 미소에 대한 이야기를 나눌 때 잘 통했으면 좋겠다고
생각했어요. 같이 재미있게, 마음을 나누면서 작업하고 싶다는 바람이
전부였어요. 저의 현재와, 함께 할 배우의 예쁜 시절이 같이 잘 담기면
좋겠다는 생각도 들었고요. 소니 언니는 주변 사람들에게 워낙 얘기를
많이 들어서 그런지 처음 만나는 순간부터 어색함 없이 좋았어요. 점점
더 편한 사이가 되면서 '우리 정말 미소와 하은이처럼 되었네'라고
생각하게 됐고요.

**김다미와 전소니 배우 그리고 민용근 감독이 느슨하게 '소울메이트'
관계를 형성한 작품처럼 보이기도 합니다.**

서로가 서로를 잘 이해한다는 느낌을 받았어요. 감독님도 그냥 친한
친구 같았어요. 소니 언니는 대사와 장면을 해석하는 방식이 엄청나게
섬세해요. 상대 배우를 믿고, 제가 미소로서 하은에게 한껏 의지하면서
촬영할 수 있었던 비결 같아요. 현장에서 좋은 친구들을 만난 거죠. 할
말이 왜 그렇게 많았을까요? 촬영 전에도 같이 이야기 나누고, 촬영이
끝나도 계속 같이 떠들고(웃음).

**상대가 다 듣고 받아줄 준비가 되어 있다고 믿는 사이니까 많은 것들을
얘기할 수 있었겠죠.**

맞아요. 그런 것 같아요.

**10대 후반, 20대, 홀로 딸을 키우며 살아가는 30대 초반의 모습까지
연기해야 했습니다. 폭넓은 연령대이긴 하지만, 사람이 가진 기본적인
생김새와 목소리가 아주 크게 달라지는 시기는 아니라는 점에서
변화의 폭을 고민했을 것 같은데요.**

의상과 분장에 기댈 수밖에 없었어요. 물론 시기마다 감정을 어떻게
표현할지 고민하는 건 제 몫이었지만요. 10대 미소를 연기할 때는 제가
가진 원래 톤보다 텐션을 많이 끌어올리려고 노력했다면, 이후에는 많은
일들을 겪고 조금씩 차분해지는 정도를 고민하는 식이었어요. 감정선의
연결도 그렇지만 헤어스타일도 크게 달라지기 때문에 제주 분량 촬영을
먼저 끝낸 게 도움이 된 것 같아요.

**제주도에서 머물며 촬영하는 경험은 어땠나요? 주변 환경에 민감하게
영향을 받는 편인가요?**

아무리 제가 혼자 열심히 상상을 해도 실제 공간이 주는 공기와 현장의
분위기는 알 수 없으니까요. 날씨도 중요하고요. 어디를 둘러봐도 푸른색이
보이니까 마음이 편안하기도 했고, 출근할 때마다 마냥 일하는 느낌이
아니라 더 좋았어요. 촬영 없는 날은 정말 여행하는 기분이기도 했고요.

쉬는 날의 기억 중 인상적으로 남은 것이 있나요?

소니 언니랑 맛집을 찾아보다가 카레를 먹으러 갔는데 하필 휴일이었어요.
다음 날 포기하지 않고 또 한 번 가봤는데, 그날 하늘이 완벽한
핑크색이었어요. 그 하늘이 오래 기억에 남아요.

**10대 미소는 결핍을 감추려고 본인의 자유로움을 훨씬 강조하는
인물처럼 보이는 면이 있어요. 배우에게 중요한 키워드는 무엇이었나요?**

저 역시 자연스러운 자유는 아니라고 느꼈어요. '꾸민 자유'라고 생각했죠.
미소는 아픔도 많고, 자신의 부족함도 잘 알지만 겉으로 티를 내지
않아요. 그러다 보니 행동이 앞서고 일부러 아는 척도 많이 하는 거죠.
한편 다니는 곳마다 전부 망가뜨리고 흩트려놓기만 할 것 같지만 그
안에 은근한 섬세함이 있는 사람이라고도 읽었어요. 그리고 가장 중요한
키워드는 역시 하은이라는 사람이었겠죠. 제가 해석한 10대 시절의
미소는, 하은이와 있을 때는 정말 밝은 모습만 보여주고 싶어 하는
사람이에요. 그렇게 연기해야 극이 진행될수록 미소의 아픔을 더 크고
확실하게 관객들에게 전달할 수 있을 거라는 생각도 했고요.

**그때의 미소는 자기 자신이 누구보다 하은에 대해 잘 알고 있다고
믿죠. 실제 김다미가 누군가를 잘 안다고 확신하기 위해서는 어떤
조건들이 필요한가요?**

상대방의 행동이 자연스럽게 받아들여질 때, 그 사람을 잘 안다고
생각하는 것 같아요. 뭘 하든 간에 그 이유를 다 아는 거죠. 미소는
하은에 대해 잘 안다고 생각하지만 솔직히 모든 것을 알 수는 없었을
거예요. 가까운 사이일수록 서로를 위해 숨기는 것들이 있으니까요.
하은은 내가 제일 잘 알고 싶은 사람이라는 마음만은 분명하지만요.

**둘만의 아지트에서 하은의 생일 파티를 하던 날, 미소는 처음으로
진우의 존재를 알게 됩니다. 이때 누구의 시선을 따라가느냐에 따라
장면의 공기는 완전히 달라져요. 진우의 이야기를 듣는 미소의 표정은
정말 미묘하죠. 하은이 시간이 좀 더 지난 뒤 미소가 자신에게서
멀어지는 두려움을 느낀다면, 미소의 불안은 어쩌면 이 장면부터
시작됐을 거라는 생각이 듭니다.**

저도 그렇게 생각한 것 같아요. 하은이를 잘 안다고 자부하고 있었는데
호감을 가진 사람이 있다는 걸 몰랐다는 데서 일단 미묘한 마음이
들었고, 곁에는 항상 내가 있었는데 그 공간에 다른 사람이 들어오려고

한다는 데서 오는 복잡함을 느꼈어요. 촬영 전에 감독님과 함께 고민한
건 '미소가 그 이야기를 들었을 때 어느 정도로 표정에 드러낼 것인가'
하는 거였어요. 진짜 아무 생각 없는 표정을 지을까 아니면 여지를 좀
남길까, 그것도 아니면 괜찮지 않지만 괜찮은 척할까. 그러면서 여러
버전을 찍었던 기억이 나요. 저는 하은을 조금은 낯설게 느끼는 마음이
적극적으로는 아니되 은은히 드러나면 좋겠다고 생각했어요.

미소가 재니스 조플린을 동경한다는 디테일에서 받은 영감이 있나요?
잘 알지는 못하지만, 재니스 조플린은 삶의 고통을 노래로 표현하면서
자유롭게 살았던 사람이라고 들었어요. 미소는 그런 점에서 그에게
동질감을 느낀 거라고 봤고요. 재니스 조플린도 나처럼 부족함과 결핍을
감추고 자유로운 척 포장하며 살았던 사람은 아닐까. 미소는 그렇게
느꼈을 것 같았어요.

**재니스 조플린처럼 스물일곱 살에 생을 마치고 싶다는 미소의 말은
진심이었을까요?**
진심 반, 농담 반 아니었을까 싶어요. 제가 생각하는 미소는 속으로는
누구보다도 안정적이고 행복하게 살길 바랐을 거예요.

추상화를 그리는 인물이라는 데서는 어떤 영향을 받았나요?
극사실주의 그림을 추구하는 하은과 전혀 다른 인물이라는 점을
이해하기에 좋았어요. 그리고 독특한 면이 있고, 자기만의 이야기와
세계가 있다고 생각했어요.

현장에서 민용근 감독을 자주
그려줬다던데요?

영화에 인물화가 많이 나오잖아요. 미소도
있고, 후반에 가면 하은도 있는데 감독님만
없는 게 마음에 걸렸어요. 간식을 나눠
드리거나 할 때 짧은 메모를 쓰면 글만 넣기
허전하니까 그냥 간단하게 감독님 얼굴을
그리는 거죠. 근데 되게 못 그렸어요. 어린
시절 미소가 그린 그림 같아요.

마음을 그린 거군요.

네, 맞아요(웃음).

<소울메이트> 촬영할 때 나이가 미소와 비슷했죠. 스물일곱 살이라는
나이에 대한 생각은 어떤가요?

별로 한 일이 없는데 벌써 20대 후반이 됐구나, 그런 생각만 해요.
시간을 잘 채우며 나이 들고 싶은데 아직은 제가 요령이 없는 것 같아요.
그동안 작품은 남았지만, 스스로가 채워지는 느낌은 아니었던 거죠.
<소울메이트>는 일생을 생각하게 하는 영화라 그런지 저는 작품
끝내고 마침표가 하나 딱 찍힌 느낌이었어요. 그 나이에만 표현할 수
있는, 일생에서 가장 찬란하고 아름다운 시기의 감정들을 보여준 영화
같거든요. 다른 작품에 비해서 촬영이 끝난 이후에도 감정 정리가 쉽게
안 되더라고요. 시간이 좀 지난 지금은 떠올리면 아직도 그런 마음이
느껴지지만, 약간은 멀리서 바라보는 기분이에요.

특별히 동경하는 연령대가 있나요?

그렇진 않아요. 미래에 대해 자주 생각하지도 않고요. 저는 지금이
좋아요. 이렇게 일하고 있는 것도, 제가 겪는 모든 순간들도. 이대로
나이에 맞게 차근차근 하나하나 연기해나가며 살고 싶어요.

미소와 진우의 관계는 원작 영화에 비해 훨씬 분명하게 선이 그어져있어요. 이 각색에 대한 인상은 어땠나요?

어쩌면 그래서 하은과 미소의 인생이 변화하는 과정이 더 뚜렷하게 드러난 것 같아요. 진우 때문에 달라진 게 아니라, 각자의 마음과 생각이 바뀌어가는 과정이었을 뿐이라는 게요.

진우를 향한 미소의 감정은 어느 정도로 생각하고 연기했나요?

하은이가 좋아하고, 또 하은이를 좋아해주는 사람이었기 때문에 미소 입장에서는 그냥 잘 지내보고 싶은 사람이었을 거예요. 둘뿐이었던 관계가 진우 때문에 변화를 겪지만, 하은이 좋아하는 사람이니까 당연히 이해했을 거고요. 그런데 동굴에서의 미묘한 상황 안에서는, 입술이 닿기 전까지 미소도 어쨌든 받아들였던 거잖아요. 진우에게 끌렸다기보다 어린 시절을 털어놓은 말에 공감하고 그때의 분위기에 잠깐 취한 실수일 텐데, 진우를 알게 되면서 하은에게 숨겨야 하는 일이 생겨버렸다는 것. 그게 제일 중요하다고 생각했어요.

동굴 안의 진실은 극 후반에 드러나죠. 그때 미소는 진우를 살렸다는 벽조목 목걸이를 빌려달라고 하는데요.

미소가 뭐든 쉽게 믿는 사람이 아닌데, 그때는 뭐라도 간절하게 의지하고 싶어 한다는 인상을 받았어요. 아무것도 아닌 것에라도 매달리고 싶은 마음의 반영이죠.

미소와 하은 사이에 오해가 쌓이는 건, 미소가 서울 생활의 진실을 하은에게 말하지 않았기 때문이기도 하죠. 왜 솔직하게 말할 수 없었을까요?

하은이는 미소에게 중요한 사람이니까요. 힘들고 약한 모습 자체를 보여주고 싶지 않았을 거예요. 어릴 때 자기가 보여준 느낌 그대로, 자유롭고 밝은 모습으로 하은이가 자기를 기억해 주길 바란다고 생각했어요. 내가 그때의 그 모습이 아니니, 있는 그대로를 이야기하긴 어려웠을 거예요.

**원작 영화의 안생도 그렇지만 <소울메이트>의 미소에게는 일종의
낭만성이 있습니다. 떠난 사람의 삶을 이어서 그의 몫까지 살아가는
사람이라는 설정 때문이죠. 미소는 하은이 채우지 못했던 이야기를
완성하거나 하은의 스타일대로 그림을 이어 그리고, 하은이 남기고 간
딸을 홀로 키우며 살아가는데요.**

그 모든 건 미소가 하은이가 떠난 시간을 이해하는 과정이라고
생각했어요. 자기 자신의 방식대로 이해하고 받아들이는 거죠. 아이를
키우는 것도 당연한 선택이었을 거예요. 하은의 삶이 완성되게끔
만들어주고 싶었던 것 아닐까요.

**미소의 마지막 내레이션은 '이제 네 얼굴을 그리고 싶어. 사랑 없인
그릴 수조차 없는 그림 말야'입니다. 미소는 하은의 어떤 얼굴을
그렸을까요?**

아마 활짝 웃는 모습을 그리지 않았을까요? 우리가 가장 행복해했을 때,
10대 시절의 모습을 그렸을 것 같아요.

<소울메이트>가 관객들에게 어떤 인상으로 남길 바라나요?

제가 시나리오를 읽을 때 느꼈던 인상이 고스란히 전달됐으면 좋겠어요.
돌아갈 수 없는 아름다웠던 시절에 대한 추억은 누구에게나 있잖아요.
아련하고 좋았던 시절이 계속되면 좋겠지만, 그렇지 못한 인물들을 보면서
현실적인 인상도 받으실 것 같고요. 연령별로 느낄 수 있는 감정들이 다를
것 같아서 저도 궁금해요. 그래서 엄마에게 제일 먼저 보여주고 싶은
영화이기도 해요. 여성의 우정을 그리기도 했고, 50대 여성으로서 이
영화를 어떻게 볼지도 궁금하거든요.

눈을 감아도   하은이라는 여운
떠오르는,

Interview

전
소
니

원작 영화의 팬이었다죠?

처음 극장에서 영화를 보고 나와서, 집으로 갈 때까지 기억이 생생해요.
엄청나게 촉촉하고 감성적인 작품을 봤다는 생각에 사로잡혔거든요. 감성
자체는 깊은데 대중적이고 깔끔한 화법으로 완성한 영화라고 생각했어요.
누가 보더라도 영화의 서사를 각자의 개인적 경험으로 끌고 오는 게
어렵지 않겠구나 싶었죠. 이후 한국에서 리메이크한다는 소식을 듣고
어떤 영화가 만들어질까, 주인공은 누가 연기할까 정말 궁금했어요.

시나리오를 받았을 때의 마음은 어땠나요?

궁금한 작품이었지만 제게 제안이 올 거라는 기대 자체는 없었어요.
그런데 시나리오가 들어왔다는 얘기를 듣고 너무 놀랐어요. '네가 나한테
왔구나' 싶어 정말 반갑고 기뻤던 기억이 나요. 하지만 원작 영화를 향한
애정 때문에 제대로 된 결정을 하지 못할까 봐 겁도 났어요. 정말 차가운
시선을 가지고 시나리오를 한번 죽 읽고, 그대로 덮고 나서 한참을 앉아
있었어요. 그때 스스로 '잘 생각해, 정말 잘 생각해야 해'라고 주문 외듯
스스로를 가다듬으며 고민했어요. 하지만 이미 완벽하게 마음에 드는
시나리오였어요.

김다미 배우를 실제로 처음 만난 건 언제였나요?

캐스팅 결정되고 얼마 지나지 않아서였어요. 주변에서 전해 듣기로는
말수가 적고, 빠른 시간 내에 친해지기 어려울 거라고 하더라고요. 그런데
저는 다미를 만나는 게 마냥 설레고 궁금했어요. 실제로 처음 봤을
땐 과묵한 인상이었지만, 이 사람이 나를 반겨주고 있다는 느낌만은
확실했어요. 제작진이 저를 위해 몰래카메라도 준비하셨다고 들었는데
그날 결국 실패했던 것도 귀여운 기억으로 남아있어요(웃음). 여럿이 함께
만난 자리였기에 조금은 아쉽다는 생각을 했고, 용기 내서 먼저 연락했죠.
둘이서만 좀 더 대화를 해보자고. 안 그래도 같은 생각이었다고 답을
보내주더라고요. 둘만 남으면 어색하려나 걱정했는데, 네 시간쯤 함께
이런저런 이야기를 나누다 헤어졌어요.

**잠시 지켜본 것뿐이지만, 감독과 배우들 사이의 합이 잘 맞는
현장이라고 느꼈어요. 서로 확실하게 의지하고 믿는 관계라는 것이
눈에 보일 정도로요.**

저는 이번 작업을 하면서 '믿는 구석이 있어 자유로운 기분'을 느꼈어요.
제가 저를 못 믿는 순간에도 두 사람을 믿었죠. 진심으로 그 두 사람이
하은을 만들어줬다고 생각해요. 미소로서의 다미는 본능적으로 저를
하은에게 끌어다 놓는 사람이고, 민용근 감독님은 보다 이성적으로
끌어다 놓아주는 사람이에요. 제가 순간순간 하은에게 거리감을
느끼거나 할 때마다 언제든 찾아가서 이야기 나눌 사람들이 있다는
것 자체가 좋았어요. 두 사람은 귀가 열려 있어요. 대화를 요청했을 때
귀찮아하거나 허투루 흘려듣는 법이 없어요. 또 쉽게 휘둘리지도 않고요.
두 사람을 보면서 자기 뿌리가 튼튼해야 다른 사람들에게 곁을 내줄 수
있구나, 이 사람들을 존중하려면 나 역시 똑바로 서있어야겠구나 하는
것을 배웠어요.

**하은의 캐릭터에는 어떻게 접근해갔나요? 대사의 톤, 움직임 등
구체적으로 고민하고 제안했던 것들이 있을 텐데요.**

촬영 전 감독님께서 힌트를 주신 게 도움이 됐어요. 하은은 충분히
생각하고 충분히 다듬은 후 말을 뱉을 수 있는 사람이라 기본적으로 입을
다물고 있는 게 익숙하고, 그럼에도 말을 꺼낸 뒤에 마음 안에 무언가가
남은 사람이라는 점이요. 그래서 발음할 때도 모난 구석 하나 없고 온순한
느낌을 주는 이름을 붙이셨다고 하더라고요. 저는 거기에 더해 주변
사람들이 나 때문에 불편하지 않은 게 좋아서, 내 매무새와 행동거지를
가다듬고 조심하는 게 익숙한 사람이라고 생각했어요. 첫인상의 오류를
만들어내는 것도 필요하다고 느꼈어요. 사람들이 하은을 볼 때 단정하고
순하기만 한, 다루기 쉬운 사람일 거라는 오해를 했으면 좋겠다고
생각했거든요. 하지만 하은은 들여다볼수록 끈질기고 자기만의 고집이
있는 사람이죠.

81

'첫인상의 오류'라는 표현이 재미있네요. 이름도 그렇잖아요. 하은의 이름은 '온화한 여름'이라는 뜻을 지녔지만 미소는 '여름 은하수'라는 의미를 붙여주죠.

제가 촬영한 분량은 아니지만, 실제로 어린 시절의 미소와 하은이 보낸 시간들에서 저는 많은 영향을 받았어요. 이름은 보통 부모님이 정해주시는 거니까 그냥 그런가 보다 하고 사는 사람이 대부분일 거예요. 그런데 하은이가 '왜 그래야 해?'라고 되묻는 사람을 만난 거죠. 난생 처음으로 그렇게 말해주는 사람을 만났을 때의 흥미가 얼마나 컸을까요? 남은 삶을 살아가는 데 있어 하은이 미소를 계속 찾을 수밖에 없겠다 싶었죠. 한편으로는 그 순간부터 하은에게 서로 다른 자아가 공존했을 거라는 생각도 들어요. 온화한 여름으로 살아가면서도, 여름 은하수의 삶을 살게 된 거죠.

10대 시절 하은에게는 안정된 상황, 주변에 있는 모두와 헤어지고 싶지 않은 마음이 무엇보다 중요해 보입니다. 그러다 20대로 넘어가면서 조금씩 변화가 생기죠. 마음 안에 있던 용기와 갈망을 조금씩 밖으로 드러내야 한다는 과제가 배우에게 주어졌을 텐데요.

10대의 하은은 날 때부터 당연하다는 듯 갖고 있는 안정감이 특징인, 구김 없고 그늘 없는 아이의 모습으로 연기하는 게 중요하다고 판단했어요. 의식하지 못하는 사이 미소에게 결핍을 느끼게 할 정도로요. 또 하나 제가 중요한 단서로 파악한 건, 지문이에요. 시나리오에서 하은에게 유독 많은 지문은 '(보다가)'였어요. 말과 타이밍을 엄청나게 고르는 사람이라는 거죠. 10대에는 그게 상대방을 배려하고 편안하게 만들어주는 부드러운 배려였다면, 나이가 들수록 그 습관이 고집이 될 수도 있고 너무 거르느라 하고 싶은 말을 다 못하는 배경이 될 수도 있다고 파악했어요. 알 수 없는 표정, 남은 공기를 가지고 있는 사람 같은 느낌을 주고 싶었죠. '하은이는 미소랑 어떻게 다르고 또 같고 싶었을까' 하는 고민도 많았던 것 같아요. 어릴 때는 일부러라도 미소와 정반대의 사람이 되고 싶었을 것 같거든요. 내가 너의 정확한 반대쪽 퍼즐이 되어 주고 싶은 마음인 거죠. 하지만 미소가 곁에서 사라지고 진우가 미소에게 호기심 어린 애정을 갖고 있다는 걸 인식했을 땐, 미소를 닮고 싶다는 동경이 생겼을 거라고 생각해요. 그런 큰 흐름 안에서 하은의 변화를 고민했죠.

하은과 미소는 서로 전혀 달라 보이지만 닮아있는 인물들이기도 하죠. 누구나 인생의 어느 시기에는 미소 같은 모습이 있고, 어느 시기에는 하은 같은 모습이 있잖아요. 두 사람이 닮아가는 것 역시 자기 안에 원래 있었지만 가지고 있는 줄 몰랐던 면들을 꺼내게 되는 과정이라고 봤습니다.

실제로 애초에 닮은 점이 많은 인물이라는 게 캐릭터를 연구하면서 중요하게 생각한 또 하나의 부분이기도 해요. 외적으로 닮거나 작정을 하고 표현하는 게 아니라, 비슷한 길로 가면서 갈림길을 만들고 싶었다고 할까요. 미소가 하은이처럼 보이기도 하고, 하은이가 미소처럼 보이는 순간들이 있었으면 했어요. 예를 들어 진우와 소개팅을 하던 날, 하은이는 "나 너 좋아해"라고 직접적으로 마음을 고백하죠. 그 순간만큼은 하은이가 미소처럼 보였으면 좋겠다고 생각했어요. 재미있는 건, 며칠 지나서 다미가 그 장면을 모니터 했다고 말하면서 "하은이가 미소 같다고 생각했어"라고 하더라고요. 어떻게 알았지 싶으면서 알아봐 주니 너무 기뻤죠.

하은은 제주 토박이입니다. 제주에서 머물며 촬영하는 경험은 어땠나요?

하은에게 중요한 공간이니까 그곳을 폭넓게 느껴보려고 노력했어요. 아무래도 사람은 살아온 공간의 영향을 크게 받을 수밖에 없으니까요. 기후에 따라 행동 양식이나 생각하는 방식도 달라진다고 하잖아요. 가까운 사람이 제주에서 오래 일한 사람들을 인터뷰하면서 들었던 얘기를 전해준 적이 있는데, 이것도 많은 도움이 됐어요. 섬에 사는 사람들은 육지의 삶을 완전히 다른 작동으로 느낀다는 거였어요. 똑같은 일을 하며 살아가더라도, 그 공간이 섬을 떠난 육지라면 커다란 두려움이자 완벽하게 새로운 세계라는 거죠. 하은에게도 제주가 그랬을 거예요. 너무 좋지만 벗어나고도 싶고, 하지만 그럴 용기는 없는 모순적인 감정을 느끼는 대상이요.

사진처럼 보이는 그림을 그리는 사람이라는 점에서는 어떤 영감을 받았나요?

엄청난 고집과 끈질김이 있는 사람이라는 점이요. 그건 사람들이 하은에게는 없을 거라고 생각하는 성질이기도 하죠. 단순하게 보면 하은은 원하는 걸 가지지 못했거나, 누군가에게 소중한 것을 빼앗기는 사람으로 보이기 쉬울 것 같아요. 하지만 전 그게 다가 아니라고 생각해요. 순하고 착한 아이지만 자기만의 영리함이 있어요. 내가 직접 말할 용기는 없기 때문에, 상황을 빙 돌려서 내가 원하는 방향대로 가게 만드는 계산을 하는 거죠. 그 과정에서 해소하지 못한 마음이나 욕망을 풀어낼 수 있는 대상이 그림이었을 거라고 느꼈어요. 그리는 대상을 오래 들여다보면 무언가 느껴지듯이, 누가 내 마음도 이렇게 들여다 봐줬으면 좋겠다고 생각하는 거죠. '이렇게 시간을 들이고 정성을 들여서 나 좀 봐줘' 하는 바람이 있었을 거예요.

민용근 감독은 이 영화를 '원작의 궤도를 따라가다가 한 번씩 이탈하고 다시 궤도로 돌아왔다가 이탈하는' 작품이라고 표현했어요. 각색 방향에 대한 생각은 어떤가요?

처음에는 솔직히 그림이라는 모티프가 조금 아쉽게 느껴지기도 했어요. 원작 영화에서는 안생이 허구일지라도 글로서 칠월을 살게 하고, 그 사람에게 완성된 삶을 지어주잖아요. 저는 거기에서 정말 큰 울림을 느꼈었거든요. 그런데 생각해 볼수록 그림이 좋더라고요. 글이 한 사람의 주도로 생명을 입히는 느낌이라면, 그림은 그 자체를 존중하며 사랑을 표현하는 방식처럼 느껴져요. 새로운 세상을 창조하고 그 안에서 너를 행복하게 살게 해주는 것보다, 네가 살아오는 동안 걷고 싶었던 길을 내가 따라가는 방식이니까요. 결혼식장에서 하은이 주도적으로 떠나는 것도 원작 영화보다 나아간 선택이라고 생각해요. 하은의 분명한 자기 선택이잖아요.

미소와의 관계에 균열이 생긴 이후 하은은 '어디에서부터 잘못된 걸까'를 되짚어봤을 법한 인물이죠. 하은의 후회가 시작된 지점은 어디였을까요?

처음부터 셋의 관계를 만든 자기 자신이 너무 미웠을 것 같아요. 아무리 배려를 했다 해도 미소가 마냥 편하고 좋지만은 않았을 텐데 '우리 둘 사이에 네가 끼어도 괜찮다'는 사실을 계속 알려주려고 했다는 그 상황 자체가요. 저는 그 관계의 시작이 하은의 이상한 자신감 때문이었을 거라고 생각해요. 내가 사랑하는 사람들은 변하지 않을 거고, 미소와 진우 모두 내 옆에 둘 때 내가 가장 행복하다는 건 욕심이잖아요. 미소에게 솔직하지 못한 순간들이 생기게 될 줄도 모르고.

하은에게 진우는 어떤 의미였을까요? 물론 사랑하는 사람이지만, 그저 변화가 싫어서 곁에 붙잡고 있던 대상은 아닐까 싶기도 한데요.

저도 그렇게 생각해요. 처음에는 사랑이었겠지만, 진우에 대한 감정을 점차 확실하게 정의할 수 없다는 점이 하은의 인생을 무너지게 했을 거예요. '더 이상 너를 사랑하지 않아'가 아니라 '이게 뭔지 모르겠어'인 거죠. 하은에게 진우는 친구에게 빼앗긴 사랑이 아니라 내가 나를 얼마나 모르고 살았는지를 깨닫게 하는 증표예요. 그렇기에 저는 하은이가 스스로 선택을 내리고 결혼식장에서 떠나버리는 지금의 각색이 훨씬 더 맞는 방향이라고 생각해요.

진우는 캐릭터로서의 또렷한 매력보다 일종의 멜로드라마 속 장벽 같은 기능이 더 두드러지는 인물이라, 어쩌면 해석하고 연기하기에는 더 어려울 것 같다는 생각도 들어요. 곁에서 본 변우석 배우는 어땠나요?

저도 시나리오를 볼 때부터 그렇게 생각했어요. 너무 강하게 존재하지 않으면서 은은하게 계속 균열을 일으키는 인물이어야 하니까요. 정말 어려웠을 거예요. 표면적으로는 셋이지만, 실은 둘과 따로 떨어진 하나같은 느낌이 진우를 굉장히 외롭게 만들었을 것 같기도 하고요. 현장에서 실제로 우석이도 비슷한 느낌을 느꼈을 것 같아요. 저와 다미가 역할처럼 너무 끈끈해지기도 했고, 저희 둘이 계속 수다스럽거나 아기자기한

스타일이 아니거든요. 물꼬가 한번 터지면 끊임없이 이야기를 나누지만 그게 아니면 또 한 마디도 안 해요. 반면 우석이는 굉장히 사랑스러운 타입이거든요. 셋이 있으면 다미가 잘 놀리는 첫째 누나, 제가 안 말리고 구경하는 둘째 누나, 우석이가 매번 당하는 막내 같은 포지션이 되죠(웃음).

내레이션을 적극적으로 활용하는 영화이기도 합니다. 원작 영화에서는 블로그 글을 문장 그대로 활용하지만, <소울메이트>에서는 서간체를 쓰죠. 그 결과 서로에게 들려주는 메시지라는 인상이 훨씬 두드러집니다. 후시녹음에서는 어떤 점들을 고민했나요?

사람의 목소리와 말투에는 꽤 많은 정보가 들어 있잖아요. 표정보다 감추기 어려운 게 목소리에 담긴 감정 같아요. 미소에게 보내는 편지의 내용과 하은의 진짜 상황이 다를 때도 많거든요. 거짓말을 꾸미는 마음, 거기에서 느껴지는 약간의 부대낌, 그때그때 어떤 마음으로 글을 남기고 편지를 썼을지 상황을 따라가 보려고 노력했어요. 저는 미소와 하은이가 편지를 주고받지 않았다면 어쩌면 덜 멀어지지 않을까 싶을 정도로, 서로 남기는 말들이 너무 마음 아팠어요. 해도 되는 말만 골라서 하고, 거짓이 쌓이는 과정이 속상해서요. 내레이션이 그런 기능을 해줬다고 생각해요.

**그럼 이후 시간이 흘러 미소가 제주에 돌아왔을 때, 오랜만에 미소를
다시 만난 하은의 감정은 어떻게 설계하고 싶었나요?**

바로 앞 장면에서 하은이 진우를 떠나보내잖아요. 연기하면서 나 혼자
여기에 남아있다는 답답함과 한심함을 강하게 느꼈어요. 그리곤 집
마당을 지나 툇마루에 앉아있는 미소를 보는데, 미소가 돌아옴과 동시에
미소와 함께 보냈던 시간 속 과거의 내가 나에게도 한꺼번에 들이닥치는
느낌인 거예요. 겉으로는 훨씬 더 자유로운 존재가 된 듯한 미소가 주는
충격이 너무 커서, 서럽고 부끄러운 마음을 표현하고 싶었어요. 너무
보고 싶었는데 왜 하필 지금일까. 그런데도 네가 내 앞에 있으니까 나는
이렇게 또 무너지는구나, 솔직하게 내가 되는구나. 그런 감정들을 똑바로
느껴보려고 노력했죠.

**그런 하은의 디테일이 이 영화의 정서를 완성한 것 같아요. 하은이
매번 다른 타이밍에 만나는 미소를 어떻게 바라보느냐, 거기에 자기
자신을 어떻게 투영하느냐가 또렷하게 보이는 거죠. 게다가 하은은
죽음으로 여운을 남기는 인물이잖아요.**

작품이라는 이유로 우리가 죽음을 너무 가볍게 다루게 되는 건 아닐까
늘 생각해요. 하지만 감독님이 이런 결말에 가닿지 않으려 고민하셨던
과정도 알고, 이 방식만이 전해줄 수 있는 감정이 있다는 것도 충분히
알아요. 여운은 하은이를 설명하는 적합한 단어 같아요. 떠나기 전에도
하은이는 항상 모든 걸 깨끗하게 털어내지 못하고 자꾸 찌꺼기를 남기는
사람이거든요. 생을 사는 동안에도 그랬던 사람이니까, 저는 미소가
하은이의 삶을 이어 산다고 생각하지 않으면 좋겠어요. 하은이가
미련을 남기고 간 것이니까요.

<소울메이트>는 마음 안에 어떤 영화로 남았나요?

너무 지난하게 오랜 시간을 돌아가야만 깨닫게 되는 당연한 것들이 있어요.
제게는 이 영화가 그랬어요. '내가 이 당연한 마음을 알기 위해 그렇게 오래

헤매고 부정하고 다치면서 여기까지 왔구나'를 깨닫는 과정이었죠. 하은을 살아내고 나서 저를 많이 돌아보게 됐어요. 훗날 후회하지 않기 위해 지금의 난 무엇을 더 할 수 있을까 생각하면서요. 그러면서 하은이에게 미안하기도 했어요. 하은이의 삶을 이상적인 것이 아니라고 생각하는 것 같아서요. 다만 하은이 제게 '너는 더 용기 있게 살았으면 좋겠어'라고 알려준 것은 확실해요. 작품 밖으로는, 촬영하는 동안 김다미라는 배우에게 기억에 남는 좋은 파트너가 되겠다는 목표가 있었어요.

그 바람은 이뤄진 것 같은데요? 만약 김다미 배우가 또 다른 누군가와 소울메이트 관계를 연기하게 된다면 슬플까요?

엄청요. 하지만 말은 안 할 거예요(웃음).

소울메이트는 베스트 프렌드와 어떻게 다르다고 생각해요?

베스트 프렌드는 같이 있을 때 즐겁고 편안하고, 언제든 손을 뻗으면 닿을 수 있는 사이 같아요. 소울메이트는 좀 다르게 느껴져요. 굉장히 먼 거리에 떨어져 있더라도 끈질기게 이어지는 어떤 감정을 사이에 둔 관계 같아요. 단순히 좋은 감정만 느끼는 사이는 아닐 것 같고, 서로에게 복합적인 마음을 느끼는, 말로 설명할 수 없는 것들을 둘이서만 공유하는.

젊은 여성들의 우정을 이토록 구체적으로 들여다본 영화가 있었나 생각해 보면, <소울메이트>가 한국 여성서사 안에서 하나의 분명하고 의미 있는 시도로 남을 것 같습니다.

분명 제게도 그런 점에서 반가운 작품이었어요. 갈증이 채워진 느낌이라고 할까요. <고양이를 부탁해>(2001) 이후 어떤 작품이 있을까 떠올리기 쉽지 않았으니까요. 그런 영화가 되고 싶다고 조심스럽게 바라면서 시작한 작품이기도 해요. 10년이 지나고 20년이 지나도 꺼내보고 싶은, 아주 오랜 뒤에도 모두에게 '내게 그런 시절이 있었지'를 떠오르게 만드는 영화를 만들고 싶었어요. 삶의 많은 것들이 바뀌고 또 새롭게 정립되는 시기를 지나는 여성들의 이야기라는 것 하나만으로도, 이 영화가 제게 주는 기대감과 의미는 아주 커요.

◦ Character ◦

삼각형의
마지막 꼭짓점

◦ 함진우 ◦

변우석

진우의 여름은 전에 없던 변화들로 가득하다. 평범하게 흘러가던 날들의 한가운데로 먼저 뛰어 들어온 사람은 스쿠터를 타고 나타난 '재니스 조플린'이다. "어떤 애가 너 마음에 두고 있거든? 그러니까 태도 똑바로 해. 아닌 거면 딱 끊고, 좋아하면 걔만 봐. 애매하게 굴지 말고, 절대 상처 주지도 말고." 선문답 같은 협박 속에서도 진우는 호기심이 인다. '어떤 애'의 정체 역시 곧 밝혀진다. 그림을 완성하는 하은의 앞에서, 진우 역시 찬찬히 하은의 얼굴을 살핀다. 진하고 긴 인연의 끈이 두 사람의 마음을 묶는다.

때로 어떤 바람은 자기가 어떤 나뭇가지를 흔들어놓는지 모르는 채 공기를 가른다. 미소에게 다가가던 순간의 진우 역시 마찬가지다. 하은을 향한 애정과는 또 다른, 호기심과 충동 사이 무언가의 감정이 진우의 등을 떠민다. 그 일이 세 사람의 관계 안에 어떤 균열을 만들어낼지 진우는 감지하지 못한다. 하지만 말하지 못할 비밀이 생겼다는 사실은 그의 안에 분명한 흔적으로 자리한다. 몸은 여전히 하은의 곁에 있지만 어쩌면 진우는 그 흔적을 계속해서 더듬고 있었는지도 모른다. 그게 하은을 끝없이 외롭게 만든다는 사실을 알지 못한 채로.

변우석은 가장 늦게 <소울메이트> 호에 승선한 배우다. 드라마 <청춘기록>(2020, tvN) 촬영을 마치자마자 팀에 합류했을 때는 크랭크인을 한 달 앞두고 있던 시점이다. 진우 역 캐스팅을 두고 끝까지 고심하던 제작진이 마음을 굳힌 데는 변우석이 배우로서 지닌 외적 조건들도 중요했다. "진우는 선한 인상인 한편 무슨 생각을 하는지 잘 파악되지 않는 눈빛을 가진 배우가 연기했으면 했어요. 서로 다른 인상이 대놓고 분출되는 장면은 없지만, 표정에서 충돌이 계속 일어나고 있는 배우를 원했습니다. 어릴 때는 싱그럽지만, 성인이 된 이후 세상의 법칙에 순응하는 가장 보통의 남자로 변화하는 모습을 그릴 수도 있어야 했죠. 변우석 배우는 카메라의 각도에 따라, 헤어스타일에 따라 청초함과 모호함을 모두 오가는 이미지를 가졌다고 판단했습니다." 민용근 감독의 말이다. 스크린에서 아직 소개되지 않은 신선한 얼굴이라는 점, 선하고 바른 진우와 기질적으로 닮은 면이 있다는 것 역시 강점이었다. 비록 촉박한 일정으로 합류했지만 변우석은 누구보다 빠르고 정확하게 진우에 녹아들었다. 삼각형을 그리는 세 인물 사이에서 충실하게 하나의 꼭짓점을 담당하는 그의 연기를 보자면, 캐스팅 역시 사람과 사람 사이의 타이밍과 인연이 만드는 귀한 결과라는 사실을 새삼 수긍하게 된다.

반듯함과   진우의 경계에서
모호함 사이,

변
우
석

Interview

축하합니다, 영화 데뷔작이네요.

스크린에 제 얼굴이 나온다는 것 자체가 아직 실감이 안 나는 것 같아요. <혜화, 동>을 보고 민용근 감독님의 팬이 됐는데, 함께 작업할 수 있어서 정말 기뻤어요.

결과적으로 팬의 마음에서 그친 게 아니기에 할 수 있는 얘기군요.

네, 맞아요. 모든 캐릭터의 감정선에 대해 엄청나게 섬세한 의견을 갖고 계신 것이 인상 깊었어요. 제 입장에서는 정말 감사하기도 했고요. 제가 촬영 전 혼자 고민하며 확신하지 못한 부분들도 명확하게 짚어주시곤 했어요. 감독님과 이야기를 나누면 명확해지는 기분이었죠.

원작 영화의 진우, 소가명(리청빈)에 대한 인상은 어땠나요?

'나쁜 친구네'라는 것(웃음). 하지만 그만의 고충이 분명히 있다고 느꼈어요. 사실 원작 영화를 볼 때는 주동우가 연기한 안생 캐릭터에 가장 몰입했던 것 같아요. 주동우 배우를 워낙 좋아해서, 그 즈음 출연작을 몰아보고 있었거든요.

<소울메이트> 시나리오를 읽을 때도 미소가 좀 더 이해되던가요?

미소와 하은을 비슷한 정도로 이해할 수 있었어요. 미소가 조금은 반항적인 삶을 사는 것도, 하은이가 파혼을 택하는 것도요. 둘 다 곁에 있는 사람이 제대로 마음을 들여다봐주지 못 해서 그런 거잖아요. 모두 어쩔 수 없는 선택이었다고 생각해요.

관점에 따라서 진우는 다양한 해석이 가능한 캐릭터로 보여요. 멜로의 전형적인 장애물처럼 느껴지기도 하고, 삼각관계의 주인공이기도 하죠. 극 안에서 진우가 어떤 역할을 담당해야 한다고 생각했나요?

저 역시 다양한 결을 중요하게 생각했어요. 특정한 감정보다, 오묘하고 응축된 무언가를 표현하고 싶었어요. 볼 때마다 다른 느낌으로 마주할 수 있는 인물이랄까.

약간은 모호한 인물로 보였으면 좋겠다는 뜻인가요?

네. 진우의 행동이 분명하게 잡히지 않았으면 좋겠어요. 예를 들어 체오름 동굴 장면이라면 누군가는 '진짜 미소에게 마음이 생겼네'라고 생각하고, 또 다른 누군가는 '그 순간의 분위기에 빠진 거네'라고 생각할 수 있겠죠.

진우는 꿈이 명확하고, 의지도 있는 인물입니다. 의사가 되고 싶어 하고 실제로 꿈을 이루죠.

저는 진우의 꿈이 자기 자신으로부터 비롯된 건 아니라고 생각했어요. 안정적이고 바른 사람인데, 아마도 어린 시절 부모님께 받은 영향이 컸을 거예요. 의사도 부모님께서 제안하신 직업군 중 하나이고, 결국 그게 꿈이 됐을 것 같아요. 그리고 그 길 하나로만 안정적으로 걷길 원했을 거고요. '진우는 왜 이런 행동을 할까' '왜 이렇게 말하는 인물일까'를 고민하다 보니 그런 전사를 생각하게 되더라고요. 나중에 하은이 안정적인 직업을 버리고 그림을 그려볼까 하는 마음을 내비칠 때 이해하지 못하는 태도를 보이는 것도 마찬가지 이유라고 생각했어요. 반면 마음 가는 대로 사는 듯한 미소를 볼 때, 나와는 전혀 다른 사람이라는 데서 오는 호기심과 호감을 느꼈겠죠.

그러고 보니 진우는 미소와 하은을 조금씩 섞어놓은 인물 같다는 생각도 드네요.

네, 그게 10대의 진우 같아요. 자아가 명확하게 형성되기 전에는 주변 영향을 많이 받잖아요. 어릴 때는 미소와 하은의 면들이 섞여들었을 테고, 미소에게 잠시 흔들리면서 처음이자 마지막인 일탈도 경험했던 거죠. 이후에 진우를 둘러싸고 있는 안정된 환경이라는 것이 또 진우만의 길을 걷게 만들었고요.

한편 하은의 곁에 오래 머물면서도 하은을 가장 모르는 사람이기도 합니다. 그 점을 어릴 때도, 20대에 다시 만났을 때도 지적하는 사람은 미소이고요.

미소가 "너 하은이 잘 모르네"라고 말하는 순간마다 진우로서 질투를

느꼈어요. 사랑의 연적에게 지적을 듣는 느낌이라고 할까. 시간이
흐르면서 '미소 네가 그렇게 말해도 우리가 함께한 시간이 얼마인데,
하은이는 내가 더 잘 알아'라는 자신감도 생겼을 테고요.

**하지만 끝내 모르고, 어떤 면에서는 무디기도 하죠. 하은의 꿈이
교사일 거라고 넘겨짚기도 하고, 악감정을 가지고 한 말은 아니지만
결국 하은에게 "똑같이 그리는 건 재주지 재능은 아니잖아"라고
상처를 주기도 하니까요.**

그 대사를 연기하기 전, 저 나름대로 이전 상황들을 다양하게 생각했어요.
아마 하은이가 지나가듯 그림을 다시 그려보고 싶다는 이야기를 많이
했을 것 같아요. 그때마다 진우는 '취미로 하면 되지'라고 여러 번
얘기했을 것 같고요. 그렇게 여러 번 반복되는 상황이다 보니 대수롭지
않고 평범하게 반응했을 거예요. 마치 '밥은 먹었어?' 라고 묻는 것처럼.
하지만, 네. 진우가 무딘 사람이긴 하죠(웃음).

**하은은 마치 사진처럼 진우를 그리죠. 자기 얼굴을 그림으로 마주하는
기분은 어떤가요?**

그림 자체의 기분보다 '내가 하은이를 보고 있는 모습이 이렇구나'를
먼저 생각하게 됐어요. 따뜻한 눈빛이기도 했지만, 어딘가 슬퍼 보이는
눈이기도 하더라고요. 그림에서도 이렇게까지 자세히 감정이 표현될 수
있구나 싶어서 신기했어요. 그 표정은 나중에 하은이 떠나는 것에 대한
복선이 되면 좋겠다는 생각을 가지고 연기한 거였어요. 현장에서 연기를
할 때 혼자만의 디테일을 설정해두고 그게 그대로 될 때 정말 기분이
좋은데, 그 장면의 제 표정이 그랬던 것 같아요. 물론 설레는 감정을 더
크게 드러내야 하는 장면이기도 했지만요. 소니와 저 둘 다 정말 최고로
집중했던 촬영이에요. 그날 소니가 '오늘 촬영 좋았지?'라고 묻더라고요.
상대 배우와 서로 같은 느낌으로 연기했다는 걸 알게 될 때 정말 기쁘죠.

반면 가장 어려움을 느낀 장면은 뭔가요?

나중에 딸을 마주하는 장면이요. 하은이 그동안 얼마나 힘들었을까,
나는 아버지로서 어떻게 해야 하는가 하는 고민이 진우에게 한꺼번에
밀려오죠. 현장에서 일부러 어린이 배우를 보지 않으려고 도망 다녔어요.
촬영하는 순간 카메라 앞에서 처음 마주하고 싶어서요.

막상 찍는 순간에는 어떤 느낌이던가요?

묘했어요. 아이의 눈이나 코, 입까지 찬찬히 세세하게 보게 되더라고요.
대사를 하다가도 눈 한번 바라보고, 다시 코 한번 바라보게 되고.

어쩌면 하은이 진우를 그리면서 바라볼 때의 방식 대로였겠네요.

네, 맞아요. 그림 그리듯이.

결과적으로 하은은 진우에게 어떤 의미였을까요?

안정적이고 바른길을 함께 갈 수 있는 가장 적합한 사람. 진심으로
사랑하는 사람이기도 했죠. 다만 진우의 방식이 하은이라는 사람에게
맞지 않았던 거죠.

진우 캐릭터가 돋보일 기회가 상대적으로 적다는 데서 오는 아쉬움은 없나요?

아니요. 저는 영화에서 진우가 튀지 않았으면 좋겠다고 생각했어요.
미소와 하은의 감정선이 이어지는 게 중요하잖아요. 진우가 도드라지면
지금 표현된 디테일들이 조금은 뭉개졌을 것 같아요. 물론 배우로서는
더 표현하고 싶고, 돋보이고 싶은 마음이 있죠. 하지만 그러기엔 제가 이
작품을 너무나 좋아해요. 작품이 가진 좋은 면들을 드러내려면 지금의
진우가 최선이라고 생각하고요.

작품의 전체적인 밸런스 안에서 자신의 역할을 충분히 고민하고 내린 결론이겠군요.

네. 솔직히 처음에는 어려웠어요. 배우로서의 욕심이 있어서 그랬는지, 자정 넘어 전화로 감독님께 "저 너무 힘들어요"라고 하소연 한 적도 있어요(웃음). 아마 제주에 2주 동안 머물면서 촬영하던 시점일 거예요. 체오름 동굴 신 같은 중요한 장면들을 촬영하기 전이었죠. 그때 감독님이 이 작품과 두 주인공의 감정선에 대해 섬세하게 설명해 주셔서, 마음 한구석에서 탁 하고 정리되는 게 있었어요. 진우가 나서면 작품 전체가 흐려질 수도 있겠다, 그렇게 생각한 이후부터 마음이 좀 편해졌어요.

진우가 못내 안쓰러운 건, 끝까지 미소와 하은의 관계로부터 소외되는 사람이라는 점이에요. 영화가 끝나는 시점에서 관객들도 다 알게 되는 진실을 진우만 모르죠. 진우는 하은이 떠났다는 미소의 거짓말을 믿었을까요?

아마도요. '하은이 정말 떠났을까?' 하는 궁금증을 떠올리기보다 지금까지 몰랐던 딸의 존재가 있다는 사실이 제일 중요했을 거예요. 소외된 인물이라는 점이 안쓰럽긴 하지만, 본인이 계속 한발 늦었으니 어쩔 수 없죠.

진우의 이후를 생각해 본 적 있나요?

딸을 데려가겠다는 대신 미소에게 "가끔 보러 와도 돼?"라고 묻잖아요. 처음에는 '가끔'이라는 단어가 너무 무책임한 것 같아서 바꿔보려고도 했어요. 하지만 결국 그게 최선 같더라고요. 이후에는 어린 하은이에게 최대한 많은 것들을 해주려고 노력하며 살았을 거예요. 이야기하자니 또 마음이 아프네요.

저는 "내 딸이니까 내가 데려갈게, 그동안 수고했다"라고 말하지 않는다는 인물이라는 점에서 다행이라고 생각했어요.

맞아요, 그것도 그렇죠(웃음).

촬영을 마친 이후 이따금 떠올릴 때마다, <소울메이트>는 어떤 작품으로 느껴지나요?

볼 때마다 다른 느낌을 주는 영화일 것 같아요. 사람이 살면서 마주하는 시기마다 생각도, 시선도 다르잖아요. 제가 원래 제 출연작을 정말 잘 보는 편이기도 한데, 이 영화는 정말이지 저 스스로도 관객으로서 매년 다시 찾아보고 싶을 것 같아요.

소울메이트와 베스트 프렌드는 어떻게 다를까요?

의미를 찾아보면 '같은 성향을 지닌' 사람이라는 점이 중요하더라고요. 그 단어와 뜻을 보자마자 저는 미소와 하은이를 떠올렸어요. 두 사람은 처음 만났을 때부터 이미 그런 관계였던 거죠. 베스트 프렌드는 서로 다른 성향이더라도, 배려하면서 가까워질 수 있는 사이 같고요. 한편으로는 하은이가 자기 자신을 찾아가는 여정이라는 점에서, 소울메이트는 다른 사람이 아닌 나와 나 자신의 관계를 의미하는 단어로도 읽혀요.

Mate

of

SOULMATE

<소울메이트>를 빛낸
얼굴들

미소와 하은이 함께 보낸 세월을 유일하게 전부 지켜보는 사람. 세대가 다른 여성인 동시에, 미소와 하은이 가장 힘든 순간 그들에게 필요한 말을 건네주는 인물. 민용근 감독은 "미소와 하은의 목격자이자 지원군"으로 하은 엄마 캐릭터를 설명한다. <기생충>(2019) 직후라 스케줄 조율이 쉽지 않은 상황이었지만, 장혜진이 합류를 결정하면서 제작진은 천군만마를 얻은 기쁨을 누렸다. 파혼한 뒤 제주를 떠나기로 결정한 하은과 마루에 걸터앉아 대화를 나누는 신은, 장혜진이 촬영 후 "인생 최고의 연기를 펼쳤다"고 자부한 장면이기도 하다. "'이 작품에서 이런 순간을 맞이했다는 게 너무 좋다'고 하셨어요. 그 순간을 함께 목격할 수 있고, 영화에 담을 수 있어서 모두 기뻐했던 기억이 있습니다." 박준호 프로듀서의 전언이다. 실제로 그는 현장에 올 때마다 명연기로 제작진을 감탄시켰다. 하은이 세상을 떠난 뒤 바닷가에서 미소와 이야기 나누는 장면을 촬영할 때는, 테이크마다 조금씩 다른 연기가 모두 완벽한 데 감동한 민용근 감독이 "컷을 외치자마자 달려가서 배우를 업어드렸던" 일화마저 있을 정도다.

민용근 감독은 수더분하고 친근한 이미지의 박충선을 달리 보게 된 계기가
<명당>(2017)이었다고 말한다. 주인공 박재상(조승우)의 반대편에서 서늘하게
판을 주무르던 천재 지관 정만인 역이었다. "엄청난 공력이 느껴진다고 할까요. 그
연기가 너무 인상 깊어서 함께 작업해보고 싶다는 바람이 늘 있었어요." 박준호
프로듀서에 의하면 "하은 엄마에게 구박을 당해 늘 기죽어 있는 느낌"을 살릴 수
있는 배우로도 적역이었다는 후문이다.

넷플릭스 오리지널 시리즈 <인간수업>(2020)을 눈여겨 본 민용근 감독이 출연을
요청했다. 남윤수는 '일진' 기태 역을 맡아 열연한 바 있다. 민용근 감독은 기훈을
"본인은 진지하지만 남들이 보기에는 본인에게 취해있는 허세 있는 남자"로
상상하며 시나리오를 썼다. 실제로 만난 남윤수에게서는 <인간수업>에서의 날선
모습보다 귀엽고 순한 이미지가 두드러졌다. 남윤수가 캐스팅되면서 "폼은 잡지만
재수 없지 않고 귀여운" 기훈의 캐릭터가 완성됐다. 밴드 공연 장면을 연기해야
했지만, 남윤수는 실제로는 기타를 전혀 연주하지 못한다. 후시 녹음 전 남윤수는
틈틈이 공연 음악과 연주를 담당한 밴드 '더 사운드'에게 특훈을 받았다.

허지나는 민용근 감독이 시나리오를 쓸 때부터 떠올린 배우다. 여러 단편
출연작에서 드러난 배우의 연기 스펙트럼이, 불안하고 감정의 진폭이 큰 미소 엄마
역할을 믿고 맡길 수 있겠다는 확신을 주었기 때문이다. 동글동글한 눈매를 비롯한
전체적 인상이 김다미와 닮았다는 것 역시 감독에게 좋은 느낌으로 다가왔다.
신지영 의상실장은 시나리오에 제시되지 않은 미소 엄마의 전사를 상상했다.
"서울에서 조그맣게 옷가게나 미용실을 운영하던 사람일 거라고 상정했어요. 민용근
감독님이 미소 엄마의 키 컬러로 붉은색을 원하셔서, 미소를 떠날 때 복고 스타일의
붉은 원피스를 입었죠." 영화에는 허지나 배우의 남편인 곽진석 배우도 출연한다.
정확하게 묘사되진 않지만 미소 엄마는 어떤 남자와 함께 제주를 떠난다는
설정이다. 장면을 자세히 보면, 포커스 아웃된 상태로 배경처럼 서 있는 남자가
곽진석이다.

김도영 감독의 단편 <자유연기>(2018)를 본 민용근 감독은 강말금 배우의 연기에 완전히 반해버렸다고 말한다. 예상하지 못했던 어조와 감정의 타이밍으로 연기하는 배우가 그 안에 있었다. 큐레이터는 출연 비중이 높진 않지만, 영화의 시작과 끝을 열고 닫는 중요한 역할이기도 하다. 캐스팅 즈음 강말금 배우는 장혜진 배우와 함께 <애비규환>(2020)을 촬영 중이었다. 두 사람은 캐스팅 미팅에서 만난 민용근 감독과 <소울메이트> 자체에 대한 호감에 대해 자주 대화를 나눴고, 결국 서로를 독려하며 함께 출연을 결심하게 됐다는 후문이다.

현봉식은 조연 배우 중 가장 먼저 캐스팅을 확정지었다. 남성성이 강하고, 사투리를 쓰는 거대한 체구의 남자가 하은의 귀를 뚫어주는 모습이 재미있겠다고 생각한 민용근 감독이 "아무 연고도 이유도 없이 떠올린" 배우였다. "만나기 전 상상한 투박한 모습과는 달리, 실제 현봉식 배우는 재치 있는 말솜씨와 사랑스러운 매력을 갖춘 순박한 분이더라고요." 신지영 의상실장은 톰과 제리 캐릭터를 떠올리고 의상 테마로 제안했다. "미소와 하은이 가게를 망가뜨린 뒤 도망가고, 팬시점 사장이 고스란히 당하면서 아이들을 잡으러 다니는 입장이라는 점에 착안했죠." 해당 장면에서 현봉식은 제리의 얼굴이 그려진 티셔츠를 입고 있다.

미소가 키우는 하은의 딸. 모르는 번호로 전화가 오면 툭 끊어버리거나, 엄마가 울고 있을 때 눈물을 닦아주는 대담하고 씩씩한 면모를 가진 7세 어린이다. 민용근 감독은 김서헌 배우가 "자기만의 취향이 분명하고 어떤 상황에서도 주눅이 들지 않는 어린이 배우"라는 점이 인상 깊었다고 말한다. 감독의 전작 <혜화, 동>에서 혜화(유다인)의 딸로 잠시 오인되는 나연 역의 최희원 배우와 놀랄 만큼 닮았다는 점도 감독에게는 운명처럼 느껴졌다고 한다.

원작영화대로라면 하은이 찾아왔을 때 미소는 안정적인 남자와 가정을 꾸리고
있는 상태여야 했다. 하지만 미소의 인생 방향성이 또 다른 남자를 매개로 바뀌어
있는 것으로 묘사하고 싶지 않았던 민용근 감독은 셰어하우스라는 아이디어를
떠올렸다. 단편영화 <나의 새라씨>(2019)에서 보여준 배우의 인상 깊은 연기를
기억하던 민용근 감독은 오민애 배우에게 집주인 영옥 역할을, 박찬옥 감독의 <느린
여름>(1998) 조연출 시절부터 시작해 <혜화, 동>과 <고양이 춤>까지 연출작에서
꾸준히 인연을 맺어온 박성연 배우에게 성연 역을 부탁했다. 자세히 묘사되진 않지만
성연은 한식 요리사다. 양파를 썰 때 물안경을 쓸 것이라는 아이디어는 박성연
배우가 직접 낸 것이다. 그는 엔드 크레딧에 '우정출연'으로 이름이 올랐다.

진우 집 욕실에서 미소와 크게 다툰 뒤, 제주로 돌아온 하은은 고양이 엄마의 진찰을 위해 동물 병원을 찾는다. 엄마는 어느덧 하루에 스무 시간을 잠만 잘 정도로 기력이 쇠한 열다섯 살 노묘다. 수의사는 "(엄마는) 사람 나이로 치면 이제 여든"이라며 "신장이나 간에 무리 갈 수 있으니 이제부턴 접종도 하지 않는 게 낫다"고 하은에게 이야기한다. 기력 없는 엄마 앞에서 하은 역시 생기를 잃은 표정이다. 미소도, 진우와의 관계도, 엄마의 생명이 조용히 꺼져가는 것을 지켜보는 것도 하은은 버거운 상태다. 이때 수의사가 하은에게 결정적 한 마디를 건넨다. "너무 애쓰지 않는 게 가끔 더 나을 때도 있어요."

　　　　동물 병원 신은 편집 단계에서 가장 마지막에 삭제됐다. 민용근 감독은 끝까지 신을 살리고 싶어 여러 방식을 고민했을 정도로 애착이 컸다. 결국 삭제를 결정한 것은 가장 효율적인 러닝타임을 고민한 결과다. 길이를 조금씩 다듬어야 하는 다른 신들과는 달리, 앞뒤에 다른 사건과 연결되지 않는 독립적인 신이었기 때문에 전체를 들어내는 것이 용이했기 때문이다.

　　　　민용근 감독은 시나리오 단계에서부터 이 신이 단순히 기능적으로만 쓰이길 원하지 않았다. 나이 든 엄마의 모습을 통해 세월이 많이 흘렀다는 것을 표현하면서도, 동시에 이 시기의 하은이 자신에게 꼭 필요한 말을 낯선 타인에게서 우연히 듣는 상황을 만들어주었으면 했다. "제 경험을 반영해 대사를 썼어요. 일이든 관계든 너무 애쓰다가 스스로 힘들어지는 경우들이 많았어요. 그런데 의무감과 부담을 내려놓으면 오히려 상황이 잘 흘러가기도 하고, 마음도 더 잘 다스려진다는 걸 깨닫게 된 거죠. 이때 하은은 관계의 여러 문제 때문에 힘들어하는데, 상황을 전혀 모르는 사람이 건네는 말로부터 문득 깨달음을 얻길 바랐어요."

　　　　시나리오를 쓸 때부터 민용근 감독은 수의사를 연기할 배우로 김새벽을 떠올렸다. "한 마디를 하더라도 듣는 사람이 생각에 잠기게 하는 목소리를 가진 배우죠. 워낙 짧은 장면인 데다 이 한 장면을 위해 제주도까지 오셔야 해서 캐스팅을 요청하는 게 죄송하기도 했지만, 반드시 김새벽 배우의 목소리로 이 대사를 듣고 싶다고 생각했습니다."

　　　　<벌새>에서 그가 연기한 영지 선생님의 이미지도 자연스럽게 겹쳐졌다. 감독이 떠올린 수의사는 하은에게 충고를 건네는 윗사람이 아니라, 비슷한 또래의 멘토에 가까웠기 때문이다. 하지만 기존 이미지의 손쉬운 재활용은 아니었다. 김새벽은 짧은 장면 안에서도 수의사의 개별적 캐릭터가 드러나는 방식을 고민했고, 차분하고도 단단한 어조로 신의 분위기를 완성했다. 실제 '고양이 집사'이기도 한 그는 오랜 세월 함께 한 존재와 작별을 준비하는 슬픔의 감각을 본능적으로 이해하고 있었다.

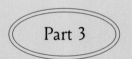

Part 3

"태양이 안심하고 빛날 수 있는 건 그림자 때문이라고 했잖아.

비록 한 몸은 못 되지만 멀리서라도 떠나지 않는 그림자가

있어서 태양은 평생 외롭지 않게 빛날 수 있는 거라고.

그날, 그 얘기가 문득 생각났어."

◦ Drawing & Sequence ◦

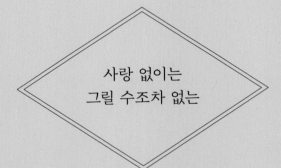

사랑 없이는
그릴 수조차 없는

자유롭고 과감한 추상화 그리고 사진처럼
정밀한 묘사가 핵심인 극사실주의 (하이퍼
리얼리즘). 극명하게 다른 그림 스타일은 미소와
하은의 캐릭터를 대변한다. 이는 각색 과정에서
추가된 <소울메이트>만의 핵심 장치다.
민용근 감독은 원작 영화에서 "두 사람의 삶의
모양이 다소 정형화된 방식으로 나뉜 듯한
아쉬움"을 느꼈다고 말한다. 어딘가를 떠돌며
여행하는 삶과 안정감 있게 가정을 꾸리는 삶을
정반대의 양태로 대비하는 대신, 다른 듯 닮은
두 캐릭터가 예술이라는 매개를 통해 서로를
이해하며 자연스럽게 교차할 수 있는 장치를
고민했다는 얘기다.

　　　　"사실주의적인 영화를 추구한다는
게 단순히 어떤 사실 자체를 구체적으로
보여주는 데 그친다고 생각하진 않아요. 여러
요소들을 최대한 있는 그대로의 모습으로
정교하게 구축하다 보면, 신기하게도 눈에
보이지도 않고 말로 표현하기도 어려운 감정의
덩어리가 만들어지죠. 그걸 오감으로 느끼게
해주는 게 영화의 본질이라고 생각해요."
민용근 감독에게 그림이라는 시각적 모티프가
중요했던 이유다.
　　　　극사실주의 작가인 강강훈과
김득영은 <소울메이트>의 그림 자문을 맡았다.
강강훈 작가는 색채를 입히는 유화를, 김득영
작가는 연필 소묘 작업을 주로 한다. 민용근
감독을 포함한 제작진은 작가들의 작업
지역인 부산과 양산에 내려가 자문을 구하고
인터뷰하는 시간을 가졌다. 영화를 준비하던

김다미와 전소니도 강강훈 작가의 전시를
함께 관람하러 가기도 했다. 민용근 감독은
두 작가를 인터뷰한 뒤 "극사실주의의 그림에
대해 막연히 혼자 생각했던 것이 작가님들의
예술관과 실제로 맞아떨어지는 부분이 많다"는
것을 느꼈다고 말한다. "어떤 대상을 있는
그대로 똑같이 그리는 것에 대해서 예술로
인정하지 않으려는 일부 사람들의 의견도
있다고 들었어요. 극사실주의가 단순히 기교일
뿐이라는 편견인 거죠." 이는 극 중에서 진우가
하은에게 "똑같이 그리는 건 재주지 재능은
아니"라는 대사로 쓰이기도 했다.

감독에게 가장 중요하게 와닿았던 건,
그림을 그리는 과정 자체가 수행과 비슷하다는
작가들의 말이었다. 한번 시작하면 5~6개월
이상이 필요한 작업. 매일 같은 그림을
마주하고 완성해가는 과정 자체에서는 단순히
결과물로만 판단할 수 없는 의미가 발생한다.
"실제로 극사실주의의 작품을 눈앞에 마주하면,
결과물 자체도 경이롭지만 그 과정에 대한
존경심이 생겨요. 그림을 그리는 과정이야말로
예술가들이 추구하는 궁극적 목표가 아닐까
싶어요. 그 과정을 하은과 미소가 밟게 하고
싶었어요." 민용근 감독의 말이다.

그는 "눈에 보이지 않는 것을 그리려는 사람과 눈에 보이는 대로 그리려는 사람의 출발점은 완전히 다르지만, 결국 그 두 개의 그림이 가고자 하는 목적지는 같다"는 것을 중요하게 생각했다. "똑같이 그리는 것 역시 눈에 보이지 않는 감정, 마음 그 자체에 도달하기 위한 행위니까요." 어릴 때는 미소가 하은에게 '마음을 그리는 법'을 알게 했다면, 후에 미소는 하은이 그리던 그림을 이어 작업하면서 자신의 마음을 들여다보는 과정을 배우게 됐을 것이다. 그리고 사진 같은 그림을 그려나가는 하은의 행위 자체가 미소 자신이 추구했던 삶과 크게 다르지 않다는 것을 깨달았을 것이다. '마음'을 향한다는 점에서 두 사람의 작업은 본질적으로 같다.

"이젠 니 얼굴을 그리고 싶어. 사랑 없인 그릴 수조차 없는 그림 말야." 미소의 내레이션으로 제시되는 <소울메이트>의 마지막 대사 역시 민용근 감독이 작가들을 인터뷰한 뒤 탄생했다. 강강훈 작가가 들려준 이야기에서 영감을 얻은 감독이 동의를 얻은 후 대사로 만든 것이다. "강 작가님은 딸의 얼굴을 자주 그리세요. 강 작가님의 인터뷰 중에 '사랑 없이는 그릴 수조차 없는 그림을 그리고 싶었다. 사랑 없이는 접근할 수 조차 없는 그 마음이 그림에 배어나기를 바란다'는 말씀이 있었는데 그 말이 정말 인상적이었어요. '사랑 없이는 그릴 수조차 없는 그림'을 그리는 마음의 경지에 대해 한참을 생각했어요. 미소와 하은의 관계를 설명해 줄 수 있는 한 마디라고 생각했죠."

하은은 그림을 위해 늘 디지털카메라를 가지고 다닌다. 많은 작가들이 작업 전 심도가 얕은 렌즈로 사진을 찍은 뒤, 그 결과물을 보고 그림을 그리는 데서 착안한 설정이다.

영화에 등장하는 그림 작업을 맡은 이코즈 작가는 전체 스태프와 견주어도 가장 긴 시간 동안 <소울메이트> 작업에 매달렸다. 그의 작업은 추가 촬영까지 모두 끝난 2021년 2월을 훌쩍 넘겨 4월까지 계속됐다. 바이칼 호수 앞에 선 하은의 모습까지 스케치해야 했기 때문이다. 촬영 때는 그림을 그리는 장면의 손 대역도 그가 도맡았다. 미소의 그림을 완성할 때는 매일 아침 일어나 그림 속 미소에게 인사를 건네며 작업을 시작했다는 후문이다.

세상에 없는 사이즈를 찾아서

극사실주의 작품의 경우 처음부터 끝까지 그림으로 대체하기엔 시간이 빠듯했다. 투명도를 조절해 출력한 사진 위에 덧그리는 방식으로 그림 작업이 진행되는 동안 촬영은 대형 출력물로 대체해 진행하고, 이후 VFX 작업을 통해 실사 그림을 합성하는 과정을 거쳤다. 아무리 사진 같은 작업물이라 해도 프린트로 출력한 것과 손 그림의 느낌은 엄연히 다르다. 그림이 등장하는 장면들을 놓고 출력물 그대로를 써도 상관없는지, 연필 질감을 살린 버전이 필요한지에 대해 프리 프로덕션 단계부터 치열한 회의가 오갔다.

투명도의 수치를 조율하는 것도 관건이었다. 너무 진하게 출력하면 추후 리터치가 불가능해서다. 갤러리에 걸린 미소 그림의 경우 윤곽선만 희미하게 드러나는 15%의 수치로 출력해 촬영했다. 미술팀 내에서도 그림을 주 업무로 담당했던 허자연 아트 디렉터는 미세하게 질감을 달리한 출력물들을 수도 없이 뽑아내며 민용근 감독과 VFX 팀을 오가는 '컨펌의 굴레'에 내내 빠져 살아야 했다. 영상과는 다른 심도를 가진 그림 특유의 질감을 살려야 했기 때문이다. 미술팀이 사진 원본을 흑백으로 전환한 뒤 뒷 배경을 뭉개고 선명도를 조절하며 심도를 매만지면, 감독의 컨펌을 거친 이후 출력이 진행됐다. 하은의 엄마와 고양이 엄마 등 전시회 장면에 등장하는 그림은 대부분 사진의 심도를 조절한 출력물이다.

소품팀에게는 미소와 하은이 차례로 머무는 산동네 집에 등장하는 대형 캔버스를 제작해야 하는 과제가 주어졌다. 민용근 감독이 원하는 그림 사이즈에 맞추려면 기성 제품으로는 사용이 불가능했다. 캔버스는 사진 촬영 배경지로 쓰는 천을 사용해 특수 제작한 것이다. 이젤 역시 특수 제작해야 했다. 무게만 8kg에 달하는 캔버스를 지탱할 수 있는 기성 사이즈 이젤은 없기 때문이다. 캔버스를 지탱할 합판은 대형 사이즈 두 장을 이어 붙인 뒤 평탄화 작업을 거쳐 제작했다.

신보라 소품실장은 "종이의 질감과 사운드도 중요하기 때문에 연필과 지우개 하나 고르는 것까지 신중했던" 작업이었다고 말한다. 강강훈과 김득영 작가가 실제로 사용하는 제품을 참고하고, 화구 브랜드에 문의해서 영화 속 시대 배경과 맞는 제품을 찾는 과정도 필수였다. 주로 사용된 건 독일 필기구 브랜드 파버카스텔 제품들이다. 제품 출시 이후 디자인 변동이 거의 없는 브랜드라는 점은 소품팀이 누린 작은 행운이었다.

Drawing

허자연 아트디렉터는 미소의 추상화
구현이 훨씬 어려운 작업이었다고 말한다.
"작가님들도 극사실주의 그림은 '열심히 파면
된다'고 하시더라고요. 그에 반해 추상화는
의미도 담아야 하고, 그렇다고 감각 없이 막 그릴
수도 없는 거죠. 어린 미소가 고양이 그림을 그릴
때도 하은이 보기에 동경할 만한 그림이어야
하거든요. 미소가 고등학교 미술실에서 뒤집어진
말을 그릴 때도, 어떤 감각과 시각을 가진
사람인지 관객에게 제대로 전달되어야 하고요."
국내 아동 작가들의 작품 중 색감과 구성에서
레퍼런스 삼을 만한 것을 골라, 이코즈 작가가
미소의 추상화 역시 담당했다. 고양이 그림의
경우 이코즈 작가와 미술팀 모두가 달라붙어
수십 장을 그려낸 끝에 지금의 버전이 채택됐다.

그림으로 열리는 오프닝 시퀀스

첫 편집본에서 오프닝 시퀀스는 현재 본편의 길이보다 긴 총 1분 30초로 편집됐다. 무언가를 바삐 그리는 손과 다양한 미술 도구들이 등장해 누군가의 눈을 완성해가는 몽타주다. 그림이 중요한 영화이고, 첫 신의 배경이 갤러리기에 자연스러운 연결이다. 다만 러닝타임을 줄이는 과정에서 부득이하게 지금과 같은 길이로 완성됐다.

그림 표현에 있어 사운드의 중요성도 빼놓을 수 없다. IMS studio 박용기 대표는 오프닝 시퀀스를 비롯한 그림 장면들의 사운드를 위해 수십 년 만에 직접 이젤을 앞에 두고 연필 소묘를 직접 연습하기 시작했다. 연필심의 강도, 종이 재질에 따라 달라지는 사운드를 파악하며 녹음하기 위해서였다.

촬영 현장에서 손 대역을 겸한 이코즈 작가가 작업할 때 동시 녹음된 것을 매만지는 작업도 필수였다. 영화에서 사용하는 모든 사운드는 최소 두 개 이상의 레이어를 겹쳐 만든다. 예를 들어 소묘 클로즈업의 경우, 종이의 표면이 느껴지는 저음과 연필이 움직이는 소리 여러 개를 옅게 섞는다. 클로즈업일수록 저음을 강조해야 거리감에 맞는 사운드가 완성되기 때문이다. 화면과 싱크를 맞춰야 하기 때문에 '슥슥'인지 '사사사삭'인지 파악하는 디테일 구분도 중요하다. 지우개가 움직이는 소리 역시 따로 제작해야 했다. 폴리(Poly, 맞춤 음향 효과 제작)를 통해 헝겊을 두껍게 잘라 누르거나 고무로 문지르는 소리 등을 덧댔다.

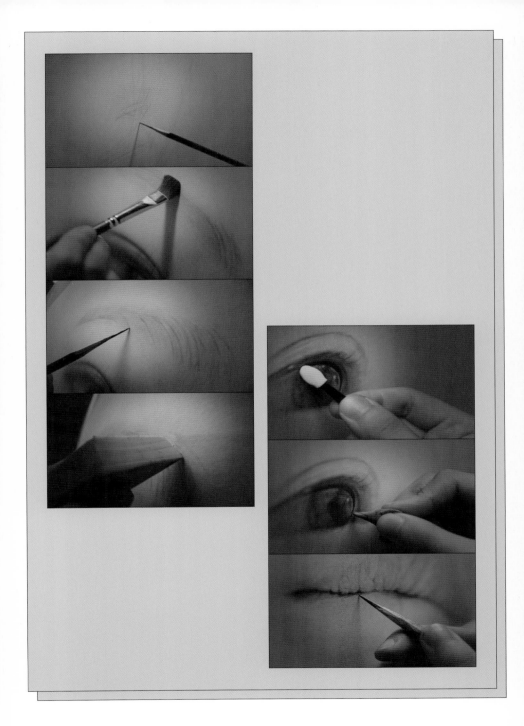

Sequence #1

체오름 동굴

체오름 동굴로 향한 날, 함께 즐거운 여름을 만끽하던 세 사람 사이는 변화를 맞는다.
이날은 앞으로 세 사람에의 관계에 닥칠 수많은 파고의 시작점이다. 동굴을 향해
숲길을 오르다 숨이 턱까지 차오른 하은이 잠시 휴식을 선언한 사이, 미소는 "내가
두 사람 소원까지 빌고 올게"라며 여전히 에너지 넘치는 모습이다. 이때 하은은

달려가려는 미소를 불러 세우고, 미소가 돌아보는 순간 카메라로 사진을 찍는다.
하은과 진우를 돌아보는 미소. 시간이 흘러 하은은 이 순간의 미소를 그린다.

> **미소** 뭐야...허락도 없이?
>
> **하은** (보다가) 행복해 보여서.

사진은 행복의 순간을 정지된 화면 안에 가둔다. 그렇게 저장된 순간은
<소울메이트>에서 반복되는 이미지이며, 오해와 균열이 없던 순간의 미소와 하은의
시절을 은연 중 계속 상기하게 만드는 장치다. 사진을 찍은 미소가 먼저 동굴로 뛰어
올라가고, 진우는 하은의 부탁으로 미소를 뒤따라간다. 적막이 흐르는 동굴 안.
운동장에서의 첫 만남 이후 둘만 남겨진 건 처음이다. 어색함을 느낀 미소는 진우의
옷 밖으로 삐져나와 있던 목걸이에 대해 묻는다.

> **미소** 뭔데 그거 맨날 하고 다니냐?
>
> **진우** 아, 이거? 벽조목이라고...벼락 맞은 대추나무로 만든 목걸이야.

신기한 듯 진우의 벽조목 목걸이를 바라보던 미소와 그런 미소를 가만히 바라보는
진우. 두 사람 사이에 묘한 공기가 돈다. 알 수 없는 분위기에 이끌린 두 사람이 곧
입을 맞추고, 이후 장면은 동굴 밖으로 전환된다. 어느덧 하은이 동굴 앞까지 와있다.

> **하은** (웃으며) 천천히 오니까 올만 하네. 내 소원까지 빌었어?
>
> **미소** 응... 가자.

숲길을 내려온 세 사람에겐 전에 없던 어색한 침묵이 감돈다. 스쿠터를 탄 미소가
자전거에 함께 탄 진우와 하은을 바라본다. 눈이 마주치는 미소와 하은. 미소는
속도를 올려 앞서가기 시작한다. 하은은 그런 미소를 물끄러미 바라본다.

> **하은 (NA)** 그날, 멀어지는 네 뒷모습이 낯설게 보였어.
>
> 생각해 보니까 난 네 뒷모습을 본 기억이 거의 없더라. 넌 항상 내 옆에
> 있었으니까.

143

Sequence

일상성과는 멀리 떨어져 조금은 비현실적인 느낌을 주는 공간. 그리고 그 안에서 비밀이 만들어지는 순간. 체오름 동굴 시퀀스를 기점으로 미소와 하은은 처음으로 서로에게 감정적 거리를 느낀다. 이는 스쿠터를 타고 홀로 멀어지는 미소의 뒷모습이라는 직접적인 표현으로 나타나기도 한다. 동굴 안의 습기, 올라갈 때와는 다르게 숲길 아래 도로 쪽으로 피어오른 안개, 하나로 꼬집어 설명할 수 없는 감정들. 관계의 변화가 본격적으로 시작되는 이 시퀀스는 <소울메이트> 팀 전체에 쉽지 않은 과제를 안겼다. 이를 둘러싼 제작진 전체의 오랜 고민은 '모호함의 시각적 표현'이라는 답으로 수렴하게 된다.

　　"장소 헌팅 후에야 머릿속에서 이 장면의 이미지가 좀 더 구체화되기 시작했어요. 깊숙한 숲 안에 더 깊숙한 동굴이라는 장소 때문인지 자연스럽게 만들어지는 분위기가 있더라고요." 민용근 감독의 말이다. 배우들 역시 동굴 특유의 공간감에서 받은 영향이 있다고 말한다. "공간에서 받은 인상이 깊어서 진우를 잠깐 받아들이는 과정의 미묘한 느낌"(김다미)이 자연스럽게 생겨났다는 것이다.

　　인물의 감정선을 어떻게 정리하고 어디까지 보여줄 것인지에 대한 고민은 배우들의 몫이었다. 변우석은 고민의 결과를 이렇게 들려준다. "진우가 미소에게 다가가는 이유가 정말 호감이 있어서인지 아니면 순간의 감정인지, 이걸 결정하는 게 중요했어요. 진우가 어떤 마음을 가지고 있느냐에 따라 이 장면 이후에 미소를 대하는 모든 감정의 설계가 다 달라지거든요. 감독님과 충분한 이야기를 나누고 후자를 택했죠. 진우는 가까이에서 미소의 자유로운 모습 뒤 결핍과 불안함을 봐왔을 테고, 조금은 안타까워하고 있었을 거예요. 그래서 자기를 살린 목걸이도 선뜻 줄 수 있었을 거고요."

　　영화 안에서 이 시퀀스는 현재와 플래시백으로 나뉘어 제시된다. 미처 다 드러나지 않은 상황의 조각은 이후 미소와 하은이 울며 다투는 진우 집 욕실 시퀀스에 삽입된다. 이 플래시백은 알고 보면 두 사람이 다가서는 순간을 하은이 목격했으며, 미소는 끝내 진우를 밀어냈다는 정보를 준다. 카메라는 진우의 혀를 앞니로 꽉 물고 있는 미소의 모습을 보여주고, 진우는 당황하며 뒤로 물러난다. 순간의 끌림을 받아들였지만 결국 미소는 진우에게 명백하게 거리를 두고 있었다. 이때 미소가 정말로 필요했던 건, 진우의 애정이 아니라 불확실한 자신을 지탱하고 잠시나마 의지할 수 있는 그 무엇이었던 것이다. 미소의 대사가 이를 뒷받침한다. "그 목걸이가 널 살렸다며. 나 왠지 그거 필요할 것 같아서. 스물일곱 살까진 죽고 싶지 않거든."

영화 안에서는 편집상 분리되지만 배우들은 두 순간 모두를 한꺼번에 연기해야 하기에, 아직 진실을 목격하지 못한 관객들에게 어느 정도로 감정을 들킬 것인지를 판단하는 게 중요했다. "정말 어려웠어요. 다만 고민 끝에 이런 결론을 내렸어요. 너무 커다란 일을 마주하면, 그 순간은 그게 뭔지를 인지하지 못할 때가 많잖아요. 시간이 흐르고 곰곰이 생각해 보면서 '내게 그런 일이 있었구나'를 파악하는 거죠. 그 정도의 마음만 가지고, 같이 걷고 있긴 하지만 각자의 거리감을 지키면서 숲을 내려오는 세 사람의 모습이 담기면 괜찮을 것 같았어요. 다행히 걱정했던 것에 비해서는 모두가 만족하는 촬영이었던 것 같고요." 전소니의 말이다.

강국현 촬영감독과 김효성 조명감독이 키워드 삼았던 것 역시 '명확하지 않음'이다. 강 촬영감독은 체오름 동굴이 "따로 스모그 머신을 쓰지 않아도 될 정도로 습기 찬 공간"이었다고 회상한다. "공간이 주는 힘이 있었죠. 인물들이 느끼는 감정도 마침 모호함이니 그곳의 분위기 그대로를 담고 싶었습니다. 동굴 자체가 평평하지 않고 입구가 위쪽에 있는 가파른 형태였어요. 빛이 위에서부터 수직으로 떨어지면 어울리지 않을 것 같아서, 조명 설계를 난반사(물체 표면이 고르지 않은 상태에 닿은 빛들이 여러 방향으로 퍼지는 것)로 요청드렸죠."

실제 동굴 내부는 조명팀의 손길이 닿기 전까지는 몹시 어두운 공간이었다. 김효성 조명감독은 미소와 진우의 실루엣을 살리는 방향으로 조명 콘셉트의 가닥을 잡았다. "입구가 위쪽에 있어서 하늘이 열려있는 듯한 느낌을 받았어요. 인위적으로 빛을 여러 군데 새로 만든다기 보다, 입구에서 자연스럽게 밀고 들어오는 빛들을 부드럽게 바꿔서 자연스럽게 그라데이션(단계식 농도)을 만들어주는 작업에 주력했습니다."

편집 단계에서 한미연 편집감독의 고민은 "관객들이 미소와 진우를 미워하지 않을 정도의 리듬"을 찾는 것으로 쏠렸다. 원작에서 안생과 가명이 적극적으로 서로에게 마음을 품는 듯 보이는 장면들은 그에게 정서적으로 가장 와닿지 않은 대목이었기 때문이다. "편집을 정말 많이 손 본 장면이에요. 진우와 미소 사이에 벌어진 일은 우연히, 순간적인 실수라는 것을 분명하게 보여줘야 했기 때문이죠. 관객들이 보기에 진우가 다가서는 동안 미소에게 피할 수 있는 충분한 시간을 주면 안 되겠더라고요. 이후에 진실이 드러나긴 하지만 여기에서부터 미소가 미움을 받아버리면, 이후 미소가 하는 행동들의 설득력이 떨어질 거라고 판단했죠."

하은에게서 멀어지는 미소

동굴에서 내려온 세 사람. 스쿠터를 탄 미소는 같은 자전거에 탄 진우와 하은을 앞질러 간다. 미소와 하은의 짧은 눈 맞춤에는 물리적인 시간에 비해 많은 이야기가 담겨 있다. 두 사람은 어딘가 모르게 서글픈 시선을 교환하고, 서로가 관계의 미묘한 변화를 감지하고 있음을 어렴풋이 느끼고 있다. 그리고 하은은 처음으로 자신에게서 멀어지는 미소의 뒷모습을 오래도록 바라본다. 강국현 촬영감독의 카메라는 이 장면 이후, 인물들이 20대가 된 뒤 이따금 미소의 뒷모습을 포착해 보여준다. 달라져버린 관계의 위치를 표현하기 위해서다.

안개가 피어오른 도로 역시 앞날을 알 수 없는 상태로 걸어 들어가는 세 사람의 관계를 시각적으로 보여주는 탁월한 장치다. 그런데 이는 마땅한 때를 기다리며 의도했다기보다, 변화무쌍한 제주도의 날씨 덕에 우연히 포착된 풍경이다. 전소니가 기억을 더듬어 묘사해 준 당시의 상황은 다음과 같다. "촬영 때는 해가 지고 있을 때라 모두가 그야말로 절체절명이었어요. 장면의 분위기에 맞게 잘 찍히고 있다는 건 생각도 못 할 정도로 '해야 부디 조금만 더 기다려줘' 하고 다들 간절히 빌었던 기억만 남아 있네요(웃음)."

제주항

결국 미소는 서울로 향한다. 표면적으로는 기훈과 함께 새로운 삶을 시작해보고
싶다는 이유를 내세우지만 실은 도망치듯 제주를 떠나는 것이다. 불행을 전염시키고
싶지 않아서, 하은을 슬프게 만들 수 없어서. 북적이는 사람들 사이 미소와 하은이
오도카니 마주 서있다. 두 사람이 만난 이후 처음 겪는 이별의 순간. 애써 아무렇지
않은 척하려는 미소와 달리 하은은 표정을 감추기가 어렵다. 우리가 헤어지는 일은
없을 거라고, 혼자라도 제주에 남겠다고 말하던 어린 미소의 말을 떠올리며 곱씹는
얼굴이다.

> **하은** ...저 남자가 좋아? 학교도 그만두고 갈 만큼?
> 그렇다고 이렇게 갑자기 가는 게 어디 있어. 나한테 설명도 안 해주고.
> **미소** 나 이제 서울로 가고 싶어. 그리고 쟤가 나 필요하대.
> **하은** 넌...? 너도 저 사람이 필요해?
> **미소** 나한테 잘해줘. 그리고 저 사람 아는 선배가 하는 미술학원에서 나 그림도
> 배우게 해준대.
> **하은** (보다가) 그게 이유의 전부야? ...응?

미소가 선뜻 대답하지 못하는 사이 상황은 야속하게 돌아간다. 먼저 차에 타있던
기훈이 채근하고, 여객선의 승선 안내 방송 역시 울려 퍼진다. 떨어지지 않는
발걸음을 간신히 옮긴 미소가 차에 타고, 하은은 여전히 이 헤어짐을 받아들이기
어렵다. 그렇다고 돌이킬 순 없다. 나를 붙잡아 달라는 말도, 너를 붙잡고 싶다는 말도
두 사람 사이엔 이미 불가능한 언어가 되어버렸다. 이대로 영영 헤어지는 것이 아님을
확인하고 싶은 하은이 다시 뒤돌아 미소를 향해 달린다. 조수석에 있던 미소도 이내
창문 밖으로 고개를 내밀어 달려오는 하은을 본다.

> **하은** 다시 올 거지?
> **미소** 당연하지... 왜 다시 못 볼 사람처럼 그래.
> **하은** 연락 자주 해야 돼. 알았지?
> **미소** 응. 나 없다고 울지 말고.

이때 영화의 카메라는 하은으로부터 멀어지는 것이 미소의 진짜 의지가 아님을

보여주고 있다. 미소는 앞으로 이동하는 기훈의 차에 실린 채로, 어쩔 수 없는 물리적
힘에 의해 멀어지고 있는 상황이다. 차가 앞으로 나아가면서 하은은 뒤로 밀려난다.
미소는 차창 밖으로 상체를 내밀고 조금이라도 더 자세히 하은을 보려 한다. 하릴없이
자동차 쪽으로 다가오던 하은은 순간 멈칫한다. 하은의 시점으로 미소의 목에 걸린,
진우의 벽조목 목걸이가 보인다. 조수석에 다시 제대로 착석했던 미소 역시 고개를
숙이다 자신의 옷 밖으로 삐져나온 목걸이를 본다. 황급히 뒤를 돌아보지만, 백미러
속 하은은 얼어붙은 듯 움직임이 없다. 미소는 영영 감추고 싶었던 것을 하은에게
들켜버리고 만 셈이다. 결국엔 상처를 주고야 말았다는 당혹감과 사실을 바로잡고
싶은 마음 사이, 차에 탄 미소는 계속해서 하은으로부터 멀어진다. 그제서야 눈물을
흘리며 돌아서는 하은의 얼굴은 텅 비어있다.

하은 (NA) 기억나? 네가 예전에 책에서 보고 해줬던 얘기.
태양이 안심하고 빛날 수 있는 건 그림자 때문이라고 했잖아.
비록 한 몸은 못 되지만, 멀리서라도 떠나지 않는 그림자가 있어서
태양은 평생 외롭지 않게 빛날 수 있는 거라고.
그날, 그 얘기가 문득 생각났어.

항구는 사실상 완벽한 통제가 불가능한 공간이다. 공항과 인접해 있기 때문에 수시로 비행기가 다니는 동선이라는 점도 촬영에는 불리한 여건이었다. 미소가 타고 떠날 유람선 배치가 가능한 요일은 토요일. 제작팀은 2주간 진행 스케줄을 세웠지만, 날씨와 배우 컨디션 등 동일한 조건의 촬영이 불가능하다는 것이 문제였다. 첫날 촬영엔 비가 내리지 않았으나 2주차 촬영을 이어갈 때는 설상가상 비까지 내렸다. 강국현 촬영감독은 "의도하지는 않았지만, 해 질 무렵 푸르스름한 색이 감도는 도로에서 촬영한 바로 앞 장면이 제주항의 궂은 날씨와 이어지면서 처음으로 영화에서 강력한 우울함이 감도는" 톤 앤 매너를 이음새 있게 완성할 수 있었던 것을 그나마 행운으로 꼽는다.

항구 섭외뿐 아니라 해양경찰서, 선박 회사를 포함한 각종 기관의 협조 및 항공 운항 정보까지 체크해야 했던 제작팀이 맞닥뜨린 또 하나의 변수는 급변하는 코로나19 상황이었다. 가장 많은 인원의 보조 출연자가 필요한 장면이었기 때문이다. "모든 배우와 스태프를 포함해서 촬영 현장 제한 인원이 100명이었어요. 각 파트 스태프들을 전부 보조 출연자로 동원할 수밖에 없었죠. 게다가 따로 섭외한 보조 출연자 중 밀접 접촉자가 발생하면서 PCR 검사 결과가 나올 때까지 촬영을 중단해야 하는 일들도 생겼고요. 가뜩이나 기관 섭외 등이 어려운 상황이었는데 여러 가지로 조심스러운 촬영이었죠." 한수정 제작실장의 말이다.

외부 상황만 어려웠던 것은 아니다. 체오름 동굴이 원인이라면 바로 이어지는 제주항은 결과다. 두 시퀀스는 맞붙어 있으면서 사실상 하나의 유기적인 파트가 된다. 극 전체에서 처음으로 감정적 주름이 발생하는 상황인 만큼 관객을 설득하는 작업이 무엇보다 중요했다. 두 시퀀스 모두 하은의 관점에서 마무리될 수밖에 없는 구조이기도 하다. 미소가 행동하고, 하은은 그 모습을 지켜보며 새로운 상황을 맞닥뜨리는 입장이 되기 때문이다.

민용근 감독은 바로 맞붙은 두 시퀀스의 "감정적 흐름"을 가장 중요한 목표로 삼았다. 그러면서 보다 적극적으로 사용된 장치가 내레이션이다. 체오름 동굴에서 내려온 뒤, 스쿠터를 타고 앞으로 먼저 나아가는 미소를 바라볼 때 하은의 내레이션은 후반 작업에서 추가된 것이다. 시야에서 멀어지는 미소의 뒷모습에 대한 이때의 언급은 제주항에서 헤어지는 두 사람의 복선이자 안정적인 설득력을 부여하는 역할을 한다.

안심하고 빛나는 태양과 멀리서라도 떠나지 않는 그림자. 영화에 등장하지 않는 언젠가의 순간에 미소가 하은에게 들려준 이야기다. 미소에게서 등을 돌리던 하은은 문득 그 말을 떠올린다. "미소에게 하은이는 그렇게 크고, 또 늘 옆에 있는 대상이었기에 한 말이 아니었을까요. 미소라면 둘 중 누가 태양이고 누가 그림자인지 생각하며 얘기하진 않았을 것 같아요. 그냥 둘의 관계와 존재 그 자체로 생각했을 거예요." 김다미의 말이다.

김다미에게 제주항은 "하은이와 함께 있을 때만큼 행복하게 지내지 못할 것임을 알지만, 진우와 하은이를 위해서든 나와 하은이를 위해서든 떠나는 게 옳다고 결심한" 미소의 선택을 보여주는 장소였다. "어떻게 보면 관객들이 '고작 그 이유 하나 때문에 떠나는 거야?'라고 생각하실 수도 있을 것 같아요. 하지만 미소와 하은 사이에 영화 속에는 등장하지 않은 어떠한 균열들이 더 있었을 거라고 생각하고, 그렇게 만들어진 은은한 균열을 표현하는 게 정말 중요하다고 생각했어요. 하은이와 멀어질 때 슬퍼해야 하나, 마음을 숨기고 정말 아무렇지 않게 떠나는 것처럼 굴어야 하나 끝까지 고민했던 것 같아요."

전소니는 이 시퀀스를 촬영하면서 현장에서 처음이자 마지막으로 민용근 감독에게 "자신 없다"는 말을 꺼냈다. "어떻게 해야 할지를 모르겠더라고요. 현장에 도착해서 갑자기 이유 없이 겁을 집어먹었던 것 같아요. 확신과 용기가 전혀 없는 상태로 다미 앞에 섰는데, 저와 눈을 마주치면서 대사를 하는 사람이 정말 너무 미소 그 자체더라고요. 어떤 연기는 상대방이 주는 에너지를 받아 그대로 표현하는 것이 전부인 경우가 있어요. 이 장면이 그랬어요."

실제로 현장에서 배우들은 감정의 톤을 조금씩 격렬하게 올리는 방식으로 여러 번 촬영을 반복했다. 민용근 감독 역시 북새통을 이루며 정신없이 돌아가는 항구의 분위기에 영향을 받으며 마땅한 선택을 내리지 못한 채 혼란을 겪었다고 말한다. "제주항 시퀀스는 촬영보다는 편집 단계에서 크게 정리된 경우예요. 항구가 원체 통제가 안 되고 소음도 많은 장소이다 보니 모두의 텐션이 조금 높아져서, 인물의 감정도 조금 격앙된 상태여야 맞는 건가 싶더라고요. 저도 조바심을 느꼈는지 촬영 전 생각을 정리하며 상상했던 버전보다 더 강한 표현들을 원했던 것 같아요." 결과적으로는 김다미와 전소니 모두 상대적으로 차분하게 감정을 누르며 촬영했던 초반 촬영 분량들이 쓰였다.

쓸쓸하게 돌아서는 하은의 모습은 슬로우 모션으로 제시된다. 이는 고속 촬영이 꽤 여러 번 쓰였던 제주항 촬영 분량 중 편집 단계에서 남겨진 유일한 컷이다. 원래는 벽조목 목걸이를 발견하는 하은의 얼굴부터 슬로우가 걸려있었지만, 한미연 편집감독은 가장 효과적인 전달 방식을 고민하는 과정에서 다른 컷들을 다시 정속으로 바꾸는 것을 택했다. 이 역시 체오름 동굴 시퀀스부터 이어지는 감정적 흐름을 고민한 결과였다. "자전거를 탄 하은과 스쿠터를 탄 미소가 눈을 마주칠 때도 고속 촬영이 꽤 여러 컷 있었어요. 하지만 '균열'이라는 포인트를 살려주려면 눈빛을 교환하는 순간의 한두 컷 정도만 강조해서 남겨두는 게 더 효과적이라고 판단했죠. 제주항 시퀀스도 마찬가지 기준을 가지고 고속 촬영 컷을 활용했습니다."

장면의 공기를 보다 압축적으로 만든 것도 편집의 몫이었다. "하은은 이때 계속해서 미소를 떠보고 있는 거잖아요. 떠나는 진짜 이유를 묻는 것도 분명 뭔가를 알고 있는 사람의 태도죠. 원래는 미소에게 던지는 질문도 더 많고, 미소가 하은에게 대답하면서 말을 멈칫하는 순간의 길이도 더 길었어요. 그런데 그럴수록 저는 둘 사이의 행동과 감정을 점점 더 이해할 수 없을 것 같더라고요.

오히려 압축적으로 편집하고 '하은이 목걸이를 발견하고 충격을 받는다'라는 장면의 목표를 강조하는 편이 낫다고 판단했습니다." 한미연 편집감독의 말이다.

후시 녹음과 내레이션 비하인드

100% 현장 동시 녹음으로 영화를 완성할 수 있다면 좋겠지만, 그건 불가능에 가깝다. 촬영을 끝낸 배우들은 녹음실에서 목소리를 통해 본인의 연기를 재연하는 과정을 거친다. <소울메이트>의 경우 제주 배경 촬영은 바람 소리 때문에라도 대부분 ADR(후시 녹음)이 필수였다. 특히 온갖 사운드가 섞여 들어가는 항구의 경우에는 아예 동시 녹음 분량 자체를 포기해야 했다. 연출가의 성향마다 조금씩 다르겠지만, 민용근 감독의 경우 ADR을 그다지 선호하지는 않는다. 아무래도 현장에서 배우가 표현했던 감정과 달라질 가능성이 클 수밖에 없는 작업이기 때문이다.

하지만 결과적으로 이번 작업은 감독이 ADR에 대한 편견을 누그러뜨리는 계기가 됐다. 사운드를 담당한 IMS studio 박용기 대표는 "마음에 들 때까지 감독과 배우가 포기하지 않고 반복하면 ADR로도 충분히 만족스러운 결과가 나온다"고 말한다. "수개월 촬영하고 이미 캐릭터가 몸에서 다 빠져나간 배우를 낯선 오디오 부스에 밀어 넣고 '다시 해보세요'라고 주문한다고 그게 바로 되나요. 녹음하는 사람이 편해질 때까지 몇 번을 반복해야 해요. 그 과정은 배우도, 기술 스태프들도 정말 힘듭니다. 하지만 지치지만 않으면 얼마든지 좋은 결과가 나옵니다. 제주항 시퀀스처럼요."

이후 미소와 하은이 주고받는 편지 몽타주 장면은 두 사람의 내레이션으로 구성된다. 두 사람이 주고받은 편지글의 분량은 당초 예상보다 촬영과 편집 단계에서 다소 늘어났다. 민용근 감독과 한미연 편집감독은 "내레이션이 영상과 충돌하며 의미와 감정을 발생시킬 수 있다면 단순히 설명적인 장치에서 벗어나 영화적인 언어로 쓰일 수 있다"고 판단했다. 극 중에서 따로 떨어진 채 5년을 보내는 동안 두 사람에게 생긴 변화들이 단순 설명에서 벗어나 영화적으로 설득력 있게 그려져야 했기 때문이다. 민용근 감독은 현장에서 내레이션을 수정하거나 추가하고, 배우들도 휴대폰 어플을 이용해 즉석에서 녹음한 버전을 편집실로 보내는 과정들이 반복됐다. 배우들의 대사 호흡에 따라 신의 길이와 분위기가 완전히 달라지기 때문이다. 이렇게 보낸 녹음 파일은 가편집 과정에서 유용했다. 영화에 최종 삽입된 내레이션은 ADR을 거친 버전이다. 전체 ADR은 2주 가량 걸렸다.

보통은 녹음실에서 베스트가 결정되는 편이지만, 민용근 감독은 ADR 녹음 소스를 전부 받아본 뒤 재조합하는 믹싱 과정을 거쳤다. 쉽게 말해 배우가 대사의 한 문단을 10번 녹음했다면 전체 테이크 중 가장 좋았던 문장들을 따로 골라 합치고, 단어와 단어 사이의 간격까지 미세하게 조정을 거친 것이다. 박용기 대표는 "사운드는 연출가의 정서와 언어의 취향을 파악하는 중요한 장치"라고 말한다. "기술자인 저의 속도와 정서, 연출가의 속도와 정서가 다를 수밖에 없죠. 민용근 감독이 믹싱에 참여하는 과정을 보면 현장에서 얼마나 섬세하게 디렉팅 했는지 감이 잡히더군요. 대사는 영화의 감정을 만드는 도구이니, 당연히 집요했어야 한다고 봅니다."

배우들의 ADR 과정을 가까이에서 지켜본 그는 "캐스팅 자체에서 캐릭터 정리가 잘 된 것 같다"고 말한다. "따로 주문할 게 없을 정도로 배우들이 잘했어요. 다만 김다미 배우의 경우 고등학생부터 20~30대까지 목소리를 만들어야 하니, 장면에 맞게 톤 업과 다운해서 연기하는 과정 정도가 필요했습니다."

Sequence #3

촉수엄금

Sequence

이야기의 대부분은 제주와 서울에서 펼쳐지지만, 영화는 예외적으로 미소와 하은의 무대를 한번 옮긴다. 그 장소가 부산이다. 오랜만에 서로를 만난 두 사람은 부산으로 여행을 떠나고, 예전처럼 둘이 있을 때 가장 즐거운 시간을 보내려 한다. 석연치 않은 마음들을 묻어두고, 묻고 싶은 것을 묻지 않은 채로. 그러나 하은이 미소의 가방 안에서 진우의 벽조목 목걸이를 발견하면서 해묵은 감정들이 다시 불거진다. 이들 사이에서 목걸이는 갈등과 반목을 불러내는 일종의 버저 역할을 한다.

　　5년은 짧지 않은 시간이다. 부산 여행은 미소와 하은이 떨어져 있는 시간 동안 서로 얼마나 다른 삶을 살았는지 처음으로 확실하게 깨닫는 계기이기도 하다. 미소는 자신의 처지와 입장을 고려하지 않는 하은에게서 불편함을 느낀다. 그는 언제나 이토록 안정적이었던 하은의 배경이 한 번도 자기 것이 아니었음을, 자기 자신은 아무리 노력해도 가질 수 없는 것임을 확실히 실감한다. 가뜩이나 실망스러운 마음을 감추고 있는 하은은 모르는 사람들에게 가서 아무렇지도 않게 와인을 얻어오기까지 하는 미소의 태도가 당혹스럽다. 그래도 평정심을 유지하려 애쓴다. 이번에도 모른 척 참고 넘어가면 되겠지. 하은의 확신은 자신의 마음을 넘겨짚은 자의 애석한 착각일 뿐이다.

> **하은**　뭐 먹을래? 나는 스테이크 시킬게.
> **미소**　무슨 스테이크야. 피자나 시켜. 내가 살게.
> **하은**　저기요! 저희 안심 스테이크 2인분 주세요.
> **미소**　이번엔 또 어디 가서 스테이크 얻어 와야 되나.

한번 어긋난 대화는 걷잡을 수 없이 비뚤어진다. 둘은 처음으로 작정하고 서로에게 가시 돋친 말들을 내뱉는다. 처음부터 싸우기로 마음먹었던 게 아니라, 어느 정도 잘 숨겼다고 생각했던 것들을 들켰다는 불편한 당혹감에서 시작된 다툼임이 여실히 보인다.

> **하은**　지금은 내가 돈이 있어서 사는 것뿐이잖아. 친구 사이에 무슨 그렇게 계산을 따져.
> **미소**　계산? 넌 안 따졌어, 계산?

때마침 하은의 휴대폰이 울린다. 진우의 전화다. 미소는 일어날 채비를 한다.

미소 받아. 자리 비켜줄 테니까.

하은 니가 왜 자리를 비켜?

미소 진우 전화잖아. 편하게 받으라고.

하은 (전화 끊으며) 진우 전환데 왜 니가 자리를 비키냐고. 너랑 아무 상관없는 전화잖아. 뭐 찔리는 거 있어?

미소 이것 봐. 너 이렇게 다 계산하고 있잖아.
곁으론 순진한 척 웃고 있으면서, 속으로 하나하나 다 계산하고.
찔리는 거 있는 사람 내가 아니라 너 아냐?

하은 ...무슨 소리야?

미소 내가 기훈이 따라서 서울 간다고 했을 때,
너 겉으론 울고불고 난리쳤어도 속으론 기뻐했잖아. 아니야?

글썽이는 눈으로 미소를 노려보던 하은이 결국 자리를 박차고 나가버린다. 이어 영화는 호텔 방 침대에 현관을 등지고 모로 누운 하은의 신으로 연결된다. 잠시 후 방에 들어왔던 미소가 조용히 짐을 챙겨 나가고, 하은은 잠시 후 미소를 좇아 황급히 호텔 복도로 뛰쳐나간다.

　　방에서 복도로 이어지는 두 신에는 대사가 아예 없다. 시나리오도 모든 것이 상황 설명으로 이뤄져 있다. 신발도 챙겨 신지 못한 채로 복도를 달리는 하은의 모습은, 막상 마주친다고 뾰족한 수가 없다는 것도 알지만 마냥 손 놓고 있을 수는 없는 사람의 절박한 태도를 말한다. 그렇게 무작정 달리던 하은은 맞은편에서 이제 막 엘리베이터에 올라탄 미소를 발견한다. 미소 역시 하은을 발견한다. 두 사람은 눈을 맞추지만, 미소를 태운 엘리베이터는 그대로 하강한다. 민용근 감독의 연출은 제주항 장면에 이어 이 장면에서도 미소의 이동이 온전한 자의적 행동이기만 한 것은 아니라는 점을 강조하고 있다. 인물에게 순간의 멈칫거림, 나아가 판단을 바꿀 시간을 허락하지 않는 물리적 탈것의 이동이라는 점이 중요한 장면들이다. 그렇게 미소와 하은은 두 번째 이별을 맞이한다.

바(bar)가 운영되는 밤의 호텔 레스토랑은 두 사람에게 그다지 어울리는 장소가 아니다. 마호가니 나무와 금장식의 중후한 인테리어는 중년 남성들이 퇴근 후 들러 위스키를 마시거나 회식을 열기에 더 어울릴 법한 분위기다. 이곳에 20대 초반의 미소와 하은이 앉아있다. 강국현 촬영감독은 "공간 안에서 이들이 상당히 초라하게 보였으면 좋겠다"라는 목표로 촬영에 임했다. "20대 초반은 복잡한 나이예요. 자기 자신이 어떤 사람인지도 아직 잘 모르지만, 이미 성인이 된 나이이기도 하죠. 스스로는 다 컸다고 생각하지만 실은 한창 이리 치이고 저리 치이는 중일뿐인 두 사람의 모습을 화려한 공간과 대비되게 찍고 싶었습니다."

처음에 제작진은 부산 지역 호텔을 중심으로 로케이션 헌팅을 시작했다. 미소와 하은이 여행하는 공간인 용두산 공원과 아쿠아리움 몽타주 촬영은 실제로 부산에서 진행했기 때문이다. 아쿠아리움의 경우, 2000년대 초반이라는 시대 설정상 미술팀이 예전 자료를 바탕으로 출력물 디자인 등을 다시 손보는 과정을 거쳤다. 문제는 나머지 촬영 분량에 용이한 호텔 섭외가 부산에서는 생각보다 어려웠다는 점이다. 화려하기보다는 심플함을 강조한 호텔 인테리어 트렌드가 자리 잡으면서 생긴 문제였다. 미소와 하은이 이별하는 장면을 구현하기에 적합한 복도를 가진 공간을 찾는 것도 숙제였다.

결국 촬영은 서로 다른 두 장소에서 진행했다. 최종적으로 섭외된 곳은 밀레니엄 힐튼 서울 오크룸과 호텔 스카이파크 인천 송도. 힐튼 오크룸은 야외 테라스도 갖추고 있어 와인을 가지고 테이블로 돌아오는 미소의 동선을 만들기에도 용이했다. 제작진이 의도한 것은 아니지만 결과적으로 이 신은 밀레니엄 힐튼의 2020년 모습을 기록해두는 의미도 갖게 됐다. 1980년대 개장한 이 호텔은 2021년 말 매각됐다. 부지 전체에 복합 상업 지구가 새롭게 들어설 예정으로, 건물은 철거 후 역사 속으로 사라진다. (2022년 12월 31일 영업 종료)

레스토랑 신 바로 뒤에 이어지는 짧은 호텔 방 신은 복도 신으로 이어지기 위한 기능적 장면이다. 하은이 침대에 돌아누워 있고, 미소는 조용히 짐을 챙겨 나가는 것이 전부다. 하지만 이 신은 물리적 길이에 비해 범상치 않은 감흥을 남긴다. 그 비결 중 하나는 조명 설계에 있다. 김효성 조명감독은 레스토랑에서 촉발된 인물들의 복잡한 감정을 방 안에서 서로 다른 두 가지 빛으로 해석해 보여준다.

같은 공간에 있지만 인물들에게 떨어지는 빛의 성질은 확연히 다르다. 하은의 경우 건물 바깥에서 올라오는 가로등이나 네온사인 같은 현장성을 살린

앰비언스를, 미소는 룸 안의 센서 등을 활용했다. 센서 등은 근처에 있는 물체나 사람의 움직임에 따라 반응한다. 김효성 조명감독은 그 빛의 성질을 '불안함'으로 보고 미소에게 적극적으로 입혔다. 성질이 완전히 다른 두 가지 빛은 몸은 같은 공간에 있지만 이미 마음이 멀어진 두 캐릭터의 거리를 시각적으로, 감정적으로 풍성하게 표현해낸다.

　　　호텔 스카이파크 인천 송도의 복도는 민용근 감독과 강국현 촬영감독을 포함, 모든 스태프들이 만족감을 표한 대표적인 로케이션이다. 유리로 둘러싸인 ㅁ자 구조의 복도는 건너편에 따로 떨어진 미소와 하은의 거리를 더욱 멀게 만들고, 두 사람 사이에 생긴 여러 겹의 레이어는 어쩔 수 없는 엇갈림을 더욱 안타깝게 만드는 장치다. 공간이 주는 몰입의 힘은 컸다. 김다미와 전소니의 표정을 모니터하던 민용근 감독은 이날 두 사람에게 "처음 보는 얼굴이 나왔다"라는 말로 만족감을 표하기도 했다.

호텔 신을 비롯해 <소울메이트>에서는 유리창 너머로 서로를 바라보는 미소와 하은의 모습이 여러 번 변주되어 등장한다. 제주항에서 이별할 때는 자동차 유리가, 부산 호텔에서 헤어질 때는 복도와 엘리베이터의 유리가 두 사람 사이를 가로막는다.

영화의 후반부, 진우에게 하은이 떠났다는 거짓말을 이야기하는 미소의 상상 신에도 유리창이 중요하게 등장한다. 하은이 미소를 찾아 밤의 호텔 복도를 무작정 뛰었듯, 미소는 병실에서 사라진 하은을 찾아 병원의 복도를 달린다. 그러다 유리창 너머로 택시를 타고 떠나려는 하은을 본다. 이때 미소는 하은을 발견하지만, 바깥에 있는 하은은 미소를 발견하지 못한다.

미소가 꾸며낸 상상 속에서 이뤄지지 못한 시선의 교환은 두 사람의 이야기가 마무리될 때쯤 또 다른 상상 속에서 비로소 가능해진다. 하은이 미처 완성하지 못했던 그림을 이어 그리는 미소가 창가로 고개를 돌리면, 유리창에는 같은 자리에 앉아 그림을 그리던 하은의 모습이 비친다. 둘은 과거의 서로를 닮은 모습이다.

민용근 감독은 "미소와 하은이 헤어질 때마다 한사람이 일방적으로 등을 돌리며 걸어가는 모습이 아니었으면 좋겠다고 생각했다"고 말한다. "어쩔 수 없는 헤어짐이라고 할까요. 두 사람이 자의보다는 운명적으로 엇갈리는 느낌이 더 중요했어요. 둘 사이에 가림막이 존재하도록 표현하고, 떠나는 사람이 엘리베이터나 차량과 같은 탈것에 몸을 실으면 자동적으로 멀어지는 구조가 그래서 중요했던 것 같아요."

강국현 촬영감독은 유리창의 활용이 "무언가를 한번 거쳐서 불분명하게 보고 있는데도 역으로 그 사람의 마음을 좀 더 분명히 체감하게 되는" 방식이라고 덧붙인다. "유리를 거쳐 시점 숏을 담을 때는 카메라에 바라보는 사람의 모습도 반영으로 찍히잖아요. 이렇게 한 숏에 둘을 담는 것은 바라보는 사람의 얼굴, 그 사람이 바라보는 대상을 차례로 한 번씩 찍어 보여주는 것보다 효과적인 방식이죠. 둘 사이를 가로지르는 무언가가 존재한다는 건 '서로의 욕망을 정확하게 드러내지 못한다'는 은유가 될 수도 있고요. 이 장면들은 자신의 감정을 모르고, 상대방의 생각을 정확히 알 수 없는 미소와 하은의 상황을 효과적으로 보여줄 수 있습니다. 민용근 감독이 시나리오에서부터 이미 좋은 비전을 제시한 셈이죠."

레스토랑에서 미소와 하은 사이에 미묘한 신경전이 오가기 시작할 때, 양복 입은 남자 두 명이 테이블에 다가와 추근댄다. 결국 이들은 와인을 가져갈 때와는 딴판인 미소의 모습에 화를 내며 자리로 돌아간다. '양복남 2'를 연기한 어성욱 배우는 실감 나는 부산 사투리로 대사를 소화했지만, 사실 전문 분야는 부산 사투리가 아니다. <소울메이트> 현장에서 그는 특별한 역할 하나를 더 맡고 있었다. 제주도가 고향인 그가 영화에 등장하는 모든 제주 사투리 대사의 감수를 맡은 것이다. 제작팀이 사투리 지도가 가능한 캐스팅 디렉터를 물색하다가, 생생한 연기까지 가능한 '사투리 마스터'를 모시게 된 셈이다. 박준호 프로듀서의 귀띔에 의하면 이 배우는 제주도 사투리 대회에서 우승을 차지한 경력이 있다.

Sequence #4

진우 집 욕실

<소울메이트>에는 총 세 번의 욕실 장면이 나온다. 어린 미소와 하은이 처음 친구가 된 날, 갑자기 내린 비에 흠뻑 젖은 둘은 같은 욕조에 몸을 담근다. 미소가 고단하게 서울을 떠돌다가 제주에 잠시 왔을 때도 하은의 집 욕실은 따뜻하게 미소를 품어준다. 어릴 때처럼 마주 보고 한 욕조에 들어앉아 있지는 않지만 미소와 하은 사이에는 안정감과 평화로움이 감돈다. 미소의 표정은 제 자리를 찾은 사람의 그것처럼 이질감이 없고, 한동안 깊숙이 눌러두었던 장난기 많고 밝은 모습도 경계심 없이 튀어나온다. 미소를 위해 수건을 가져다주는 하은의 행복한 표정에도 그늘이 없다.

　　　　강국현 촬영감독은 영화에 처음 등장하는 욕실 장면을 붉고 따뜻한 색이 감도는 공간으로 표현하고 싶었다고 말한다. "욕실은 어린 미소와 하은에게 가장 안온한 공간이기도 하고, 두 사람이 마치 쌍둥이처럼 다시 태어나는 공간이기도 하죠. 현장에서 조명팀에게, 후반작업에서는 DI팀에게 '화면에 감도는 붉은 기를 빼지 말아

달라'고 요청했어요." 오랜만에 하은의 집을 찾은 20대 미소가 욕조 물속에 가라앉아 있다가 빼꼼하게 얼굴을 내미는 것 역시 촬영감독의 아이디어다. 그는 "마치 세례를 받는 것처럼 무언가를 바꾸고 싶고 거듭나고 싶은 미소의 본능적인 행동"을 떠올렸다.

반면 진우 집 욕실 시퀀스 전체에는 전에 없던 푸른 기운이 감돈다. 이전의 욕실과는 완전히 다른 의미가 발생하는 장면이기 때문이다. 김효성 조명감독은 프랙티컬 라이트(practical light)를 설계해 차가운 형광등 불빛이 인물들에게 직접적으로 쏟아지도록 만들었다. 신을 자세히 살펴보면, 이 색감에 대한 조명팀의 고민은 인물들이 집으로 들어서기 이전부터 이어지고 있다. 하은이 진우를 기다리고 있던 복도는 푸른색이 지배하는 공간이다. 제작진은 일부러 해가 진 직후의 블루 아워를 기다렸다가 복도 신을 찍었다.

작품 안에서 욕실은 명백히 '두 사람만의 장소'라는 확고한 공간성을 갖는다. 여기에는 다른 누군가가 끼어들 여지도 자격도 없다. 하은 엄마마저 이 공간은 침범하지 않는다. 미소와 하은이 가장 격렬하게 서로의 감정을 내비치며 울부짖는 진우 집 욕실도 마찬가지다. 진우의 집을 찾아온 하은은 엉망이 된 미소와 그런 미소를 부축하는 진우를 목격하고 차갑게 군다. 미소를 먼저 들여보내고 진우가 들어서려 하자, 하은은 "넌 여기 있어"라고 단호히 말하며 아예 현관문을 걸어 잠근다. 더는 예전과 같은 애정의 장소가 될 수 없다 해도, 진우는 두 사람의 공간인 욕실의 문턱을 넘어설 수 없는 존재다.

진우의 집에 들어선 하은은 여기저기 어지럽게 널려 있는 미소의 물건들을 본다. 그간의 사정을 모르는 하은의 눈에 좋아 보일 리 없는 풍경이다. 술기운에 구역질이 올라온 미소가 욕실로 뛰쳐들어간다. 미소가 토악질을 하는 사이 하은은 미소가 벗어 널어둔 듯한 속옷, 여전히 미소의 목에 걸려있는 벽조목 목걸이를 차례로 본다. 차가운 표정의 하은은 말없이 샤워기를 집어 들고 미소를 향해 물을 뿌리기 시작한다. 이번에야말로 목걸이에 대해 이야기할 시간이다.

하은 니가 조금이라도 내 생각했으면...아니, 조금이라도 우리 생각했으면! 너 이거 이렇게 못 걸고 다녀. 알아?

미소 내가 이걸 왜 걸고 다녔는지 넌 몰라...

하은 그래, 난 항상 모르지. 너는 늘 너만 힘들고, 너만 이유 있고, 너만 불행하니까! 넌 니 옆에 있는 사람이 뭐 때문에 힘들어하는지 관심도 없잖아!

미소의 속옷을 가리키며 "답답하고 불편해서 평생 이런 거 안 할 거라며"라고
쏘아붙이던 하은이 악에 받친 듯 셔츠의 단추를 푼다. 평범한 속옷이 드러나고,
하은은 "진우는 이런 촌스러운 거 좋아한다"고 소리친다. 이미 눈물 범벅이 된 미소가
하은의 옷을 다시 여미려는 사이, 하은이 덜덜 떨리는 입술 사이로 미소에게 묻는다.
"너...진우랑 잤어?"

> **미소** 아니야, 하은아 아니야...
> **하은** 니가 아는 사람들...다 너 사랑했을 것 같아?
> 니 애인, 너네 엄마, 진우, 그중에 누구 하나라도 너 진심으로 사랑한 사람
> 있었을 거 같냐고.
> 나 말고 없어. 나 말고 이 세상에 너 사랑했던 사람 아무도 없다고!
> **미소** 맞아...너 없이 난 아무것도 아니야.

하은의 대사가 유독 아픈 이유는 단순히 그가 악에 받쳤기 때문이 아니다. 미소에게
가장 비수가 될 말들을 골라 하고 있기 때문이다. 엄마에게도 버림받다시피 한 뒤
외톨이가 된 미소에게 하은이 절대로 하고 싶지 않았을 말들. 조심성 많은 하은이
실수로도 미소 앞에서 꺼내지 않기 위해, 혹은 타인에게서라도 듣게 하지 않으려
숱하게 막아왔을 말들이다. 어린 딸에게 "너만 힘들어?"라는 원망 섞인 불평을
늘어놓던 미소 엄마의 말을, 늘 사랑받기를 원했던 미소에게 아무도 진심으로 널
사랑하지 않았을 거라는 절망스러운 말을, 미소가 가장 사랑했고 미소를 가장 아꼈던
하은이 칼처럼 쏟아내고 있다. "근데...우리 왜 이렇게 된 거야?" 미소의 한 마디에
하은은 무너져 내린다. 고통스러운 두 사람의 울음만이 공간을 채운다.

179

진우 집 욕실 시퀀스는 영화에서 가장 극적으로 감정이 치닫는 만큼 이를 둘러싼 제작진 전체의 고민도 가장 깊었다. 민용근 감독은 "이 장면의 욕실은 인물들이 피할 수 없는 일종의 (파이트) 링"이라고 말한다. "욕실은 어릴 때 둘이 처음으로 가까이에서 눈을 맞추고 있던 공간인데, 어른이 돼서는 서로를 가장 아프게 하는 순간을 맞이하는 공간이라는 아이러니가 있죠." 감정이 극으로 치닫는 장면을 찍을 때 배우들은 거의 탈진 상태가 될 정도로 몰입한다. 하지만 현장에서는 의외로 정확한 판단을 내리기가 쉽지 않다. 시각적으로 강한 이미지가 반드시 영화의 전체 흐름상에서 가장 적확한 것은 아니기 때문이다. 편집으로 이어 붙였을 때는 때로 감정이 너무 강하게 따로 튀는 장면이 될 수도 있다.

김다미는 "그 연기가 맞았던 건지 아직도 스스로 계속 물음표를 던지게 된다"라고 말한다. "현장에서 상황이 주는 힘을 최대한 받아들이는 수밖에 없었어요. 소니 언니와도 '일단 해보자'라고 그 어느 때보다 서로를 믿어야 했고요. 후회가 남는 건 아니지만 좀 더 폭발했어야 하나, 침착했어야 하나, 아니면 다른 방식을 고민했어야 하나 아직도 궁금해요." 이날 촬영은 무사히 임무를 마친 김다미와 전소니가 집으로 돌아가는 길에 서로 고맙다는 메시지를 유독 많이 나눈 날이기도 했다.

속옷은 어릴 때부터 미소와 하은의 성격을 뚜렷하게 가르는 장치다. 이 시퀀스에서는 벽조목 목걸이와 마찬가지로 하나의 감정적 기폭제가 되기도 한다. 신지영 의상실장은 미소가 입고 있는 것보다 시각적인 인상을 강하게 남기는 게 더 중요하다고 판단, 톤 다운된 붉은색 속옷을 건조대에 널어두는 것으로 제안했다. 바로 앞 장면의 미소의 손톱에서도 눈치챌 수 있듯 붉은색은 이 시기의 미소를 지배하는 색이기도 하다.

빠르게 지나가긴 하지만, 하은이 미소의 속옷을 발견하는 숏을 붙이는 것 역시 편집 단계의 중요 이슈였다. 한미연 편집감독은 속옷에 대한 의미가 앞 장면들에서 충분히 쌓인 것 같지 않아 어려움을 느꼈다고 말한다. "원작에서는 두 사람이 속옷을 함께 사러 가기도 하죠. 이 영화에서 속옷에 관한 거라곤 어릴 때 한번 얘기를 나누었을 뿐인데 이게 과연 감정적으로 설득이 되는 장면일까 하는 고민이 되더라고요. 하은이 너무 급작스럽게 폭주하는 느낌으로 보이면 안 되니까요. 욕실에 들어가기 전에 하은의 감정을 조금이라도 먼저 쌓아놓는 게 중요했어요."

실제 공간을 활용할 수 있었던 제주도 하은 집과는 달리 진우 집은 세트를 지어 촬영했다. 미술팀은 주방과 거실을 미닫이문으로 분리 구분할 수 있는 옛날

아파트 형태를 레퍼런스 삼았다. 욕실 세트의 사이즈는 실제 욕실에 비해 큰 편이다. 다만 촬영을 위해 별도의 덴캉(카메라의 움직임이 용이하도록 세트 벽을 부수고 복도를 넓히는 작업)을 하지는 않았다. 촬영 스페이스를 여유 있게 만들기 위해 욕조를 들이고 그 안에 촬영팀이 들어갈 수 있도록 배려한 정도다. 촬영팀과 조명팀 모두 인위적인 세팅을 요구하지 않았다.

"옛날 아파트 욕실 레퍼런스들을 참고하면서 타일의 색상과 사이즈를 따로 시공했어요. 자세히 보시면 요즘 시공 방식과는 다를 거예요. 컨셉 아트 단계에서 가장 고심했던 건 의외로 거울이었어요. 사이즈와 위치에 따라 카메라는 감춰지고 인물에 집중하게 만들어야 하니까요." 허자연 아트디렉터의 말이다. 이 장면에는 미소와 하은뿐 아니라 거울에 반영된 두 사람의 모습이 함께 포착되는 순간들도 적지 않다. 실제의 인물과 거울 속에 비친 모습은 그들의 마음처럼 분열된 이미지로 제시된다.

하은이 떠난 뒤에는 체오름 동굴 시퀀스의 진실이 짧게 덧붙는다. 이 장면의 위치는 편집 단계에서 꽤 여러 번의 위치 수정을 거쳤다. 시나리오에는 임신한 하은이 미소를 찾아와서 두 사람이 화해하는 장면에 삽입되는 것으로 나와 있다. 한미연 편집감독은 오히려 이를 파격적으로 당겨서 욕실 시퀀스보다 앞선 어딘가의 장면에서 보여주는 방식도 여러 번 고민했다. "관객들이 계속 미소에 대한 오해를 안고" 영화를 보는 것이 못내 마음에 걸렸기 때문이다. "하지만 미리 다 공개해버렸다면 욕실 시퀀스에서의 힘이 크게 떨어졌을 거예요. 진실을 숨길 수 있을 데까지 숨기는 게 감정 신들을 더 오롯하게 만드는 데는 도움이 된 것 같습니다. 대신 뒤에 이어지는 화해 장면에서 서로가 어떤 마음으로 그 시간들을 보냈는지 좀 더 쉽게 이해가 되도록 원래 계획보다 플래시백 컷들을 많이 썼어요."

Sequence #5

미소의 방

Sequence

미소와 하은이 다시 따뜻하게 서로를 마주 보기까지 적지 않은 시간이 흘렀다. 미소의 방 시퀀스는 두 사람이 어그러졌던 시간과 관계와 감정을 회복한다는 점에서 중요한 의미를 가진다. 하은의 죽음이라는 슬픈 이별을 맞이하기 직전의 상황이라는 점에서도 애틋함이 남다르다. 어린 시절 욕조에서 마주 보았던 것처럼, 침대에 함께 누운 미소와 하은은 눈을 맞추고 서로에게 가졌던 진짜 속내를 고백한다.

하은 나 알고 있었어.
미소 뭘?
하은 니 마음이 어땠는지, 알고 있었어.
　　　　근데 니가 나한테서 멀어지려고 하는 게 그냥 싫고 무서워서...
　　　　왜 미워하는지도 모르고 널 미워했어.

미소의 방 시퀀스는 엔딩 신을 제외한 본 촬영의 마지막 날 진행됐다. 사실상 크랭크업이었던 셈이다. 현장 메이킹 영상을 살펴보면, 민용근 감독과 배우들이 치열하게 의견을 나누며 고민한 흔적이 역력한 촬영 장면이기도 하다. 실제로 "그때는 내 마음이 어떤 건지 나도 잘 몰랐어"와 "너무 늦게 알아서 미안해"는 현장에서 전소니가 민용근 감독과의 논의 끝에 추가한 것으로, 시나리오에는 아예 없는 대사다. 배우들은 토씨 하나, 뉘앙스 하나까지 끝까지 물고 늘어지며 고민을 거듭했다.
　　　민용근 감독은 "촬영 전 의견을 다 맞췄다고 생각했는데 막상 현장에서 배우들이 연기를 하면서 뭔가 걸리는 게 있는 눈치"였다고 말한다. "저와 배우들 모두가 당황했어요. '왜 우리가 여기 와서 이제야 이렇게 헤매고 있지?' 하면서. 말로 표현하기는 어려울 수 있어도 배우들이 흐름을 불편하게 느끼는 데는 그만한 이유가 있다고 생각해요. 이리저리 대사를 수정해 보고, 빼보기도 하고, 추가해 보기도 하면서 같이 방향을 잡아나갔죠. 그만큼 중요한 촬영이었으니까요."
　　　전소니는 "뉘앙스의 전달보다 오히려 직접적으로 표현할 때의 연기가 더 어려운 순간이 있는 것 같다"며 당시의 고민을 이렇게 들려준다. "오랜 시간이 흐른 뒤 미소의 앞에서 진짜 내 마음을 꺼내놓게 될 때 무슨 말을 먼저 하고 싶을까, 진짜로 하고 싶은 말이 뭘까 고민하게 되더라고요. 시간의 틈이 다시 메워졌다는 것을 서로 실감할 수 있게 하는 말은 또 뭘까...우선 다미와 이리저리 대사를 맞춰보고, 감독님께도 상의 드리는 과정을 거쳤어요. 미소와 하은이 함께 하는 마지막 촬영이어서 그런지 유독 더 많은 대화를 나눴던 것 같아요."

김다미 역시 "현장에서 연기하는 순간 이 장면이 (두 사람의 감정의 크기에 비해) 너무 짧다는 걸 알게 됐다"고 말한다. "하은이가 미소를 찾아왔고, 아이에 대한 이야기도 나눠야 하는데 감정이 뭔가 덜 올라오는 것 같은 거죠. 말로 더 표현할 수 있는 게 없을까? 더 의미를 전달할 수 없을까? 고민을 정말 많이 한 촬영이었어요." 아래의 대사 중 "나한테 왔네"는 원래 "어떻게 나한테 온 거야?"였다. 김다미는 '어떻게'라는 대사를 계속해서 곱씹다가 지금과 같이 변경했다.

> **하은** (보다가) 내가 미웠지?
>
> **미소** 응...미웠어. 너도?
>
> **하은** (말없이 고개를 끄덕인다)
>
> **미소** 근데 나한테 왔네?
>
> **하은** 보고 싶었으니까. 그리고...보여주고 싶었으니까.
>
> **미소** 뭘?
>
> **하은** 미소.
>
> **미소** ...?
>
> **하은** (배를 만지며) 태명...미소라고 지었거든.

미소가 하은에게 '여름 은하수'라는 이름을 선물했듯, 하은은 뱃속의 아이에게 가장 사랑하는 사람의 이름을 지어준다. 그리고 태어난 아이는 이후 다시 하은이라는 이름으로 불리게 된다. 미소였다가 하은이 된 아이. 생물학적으로는 하은과 진우의 딸이지만, 사실상 미소와 하은의 딸이다.

강국현 촬영감독은 이 신을 정직한 직부감(높은 위치에서 피사체를 내려다보는 촬영) 투숏으로 찍었다. 촬영 내내 좀처럼 쓰지 않은 숏이기도 하다. 그는 "원작을 볼 때부터 욕심이 났던 장면"이라고 말한다. "직부감은 가로 세로, 그러니까 X와 Y가 아니라 Z축으로 넘어가는 숏이죠. 인물을 그렇게 내려다볼 때에만 생기는 묘한 힘이 있어요. 말하자면 관계를 새롭게 정의해 볼 수 있는 시각인 거죠. 2차원에서는 가까운 우정을 나누는 사이인 줄 알았던 두 사람의 관계가, 3차원으로 다시 바라보고 해석하면 쌍둥이이자 사랑하는 연인이 될 수도 있겠다는 생각이 들었습니다."

미소와 하은이 서로를 바라보는 시점 숏 클로즈업도 각각 하나씩 추가됐다. 두 사람이 누워있는 실제 각도를 생각하면 가로로 누운 숏이 쓰여야 하지만, 강국현 촬영감독은 카메라를 90도로 틀어 색다른 각도의 숏으로 완성했다. 그는 "특이하게 멋 부리려던 게 아니라 직부감 투숏의 느낌을 이어가기 위해서"였다고 말한다. "보자마자 기술적인 특이점을 바로 알아채는 관객이 없을 수도 있죠. 하지만 그것과는 별개로 관객은 늘 본능적으로 '이 장면만이 주는 느낌이 있다'는 것을 캐치한다고 믿습니다. 촬영은 늘 그 본능의 영역을 건드려야 한다고 생각해요."

Sequence #6

바이칼 호수

영화를 닫는 이는 하은이다. 갤러리에 걸린 미소 그림 속 눈을 줌인하며 가까워졌던 카메라는 하은의 눈으로 줌 아웃한다. 이때 하은은 극사실주의 그림 속 모습인 듯했다가 이내 살아있는 인물로 바뀐다. 그가 서 있는 장소는 바이칼 호수다. 거대한 바위처럼 보이는 오고이섬과 꽁꽁 언 빙판 외에는 아무것도 시야에 걸리지 않는 곳. 하은은 끝없이 펼쳐진 호수의 빙판 위를 힘 있게 걸어 나간다.

　　　2020년 여름 크랭크인부터 내내 코로나19 이슈와 함께였던 제작진은 상황이 나아지길 소망하며 엔딩 신 촬영 분량을 남겨두고 있었다. 애초에 해외 현지 로케이션이 목표였기 때문이다. 한겨울 촬영이 필요한 장면이라 11월 크랭크업 이후 3~4개월가량 상황을 지켜볼 시간적 여유도 있었다. 하지만 애석하게도 팬데믹이 잦아들 기미는 전혀 보이지 않았고, 현지에 제작진과 배우가 직접 가서 촬영하는 계획은 취소됐다.

　　　결국 최후의 보루로 남겨둔 대안이 현실이 됐다. 시베리아 횡단열차는 세트를 지었고, 바이칼 호수 신은 철원의 야외 빙상장에서 촬영한 후 현지 촬영 소스와 합성하는 것으로 대체됐다. 바이칼 현지에 직접 가지는 못하더라도, 현지에서 직접 촬영한 최소한의 영상 소스는 필요했다. 그리고 바로 이 지점에서 프로덕션 전체를 통틀어 가장 많은 행운이 필요했던 촬영 비하인드가 발생한다.

바이칼 시퀀스의 첫 번째 숨은 공로자는 러시아 블라디보스톡 투어 전문 업체 '불곰나라'의 이원석 대표. 러시아 현지 사정에 누구보다 눈이 밝은 그는 여행사 업무뿐 아니라 예능 프로그램 <시베리아 선발대>(tvN, 2019) 등에서 로케이션 코디네이터로 활약한 이력이 있다. 이 프로그램에 출연했던 배우 이선균과 <킹메이커>를 작업한 인연으로, 박준호 프로듀서는 이원석 대표에게 코디네이터 업무를 의뢰할 수 있었다. <소울메이트> 제작진이 결국 러시아 현지 촬영을 포기하면서 이어지지 못할 뻔했던 인연은 예상치 못했던 방향으로 흘러간다. VFX 작업을 위해 필요한 영상 소스를 현지에서 공수 받는 것으로 결정되면서, 이원석 대표가 사실상 현지 프로듀서 역할을 도맡게 된 것이다.

　　　참고용 사진과 영상을 검색하던 민용근 감독은 유튜브에서 바이칼 호수에서 촬영한 드론 영상을 발견했다. 바딤 지본(Vadim gvon)이라는 러시아의 사진작가가 촬영한 영상이었다. 알고 보니 그는 1년에 한 번씩 바이칼 호수에 가서 관광객들과 사진 투어를 진행하기도 하는 한국계 작가였다. 그가 촬영한 드론 영상을 보고

"그대로 영화에 가져다 써도 좋을 정도의 이미지"라고 판단한 민용근 감독은 그 길로 바딤 작가와 접촉을 시도했다. 그 사이 제작진은 이원석 대표에게 촬영 숏과 무빙에 대한 기초 내용을 전달하고, 드론을 챙겨 러시아로 보냈다. 드론 촬영 시 전소니의 대역을 담당할 여성 출연자(Darmaeva Balzhin Bolotovna)도 섭외됐다. 그렇게 러시아 바이칼 호수에서, 그전까지 안면이 전혀 없었으며 영화 촬영 경험도 전무한 세 사람이 만났다.

러시아 현지에서도 바이칼 호수까지 이동은 쉽지 않다. 현지 상황과 이동 시간 등을 모두 고려해 촬영에 주어진 시간은 단 3일. 제작진은 3일치 촬영에 해당하는 콘티를 작성해 현지의 세 사람에게 보냈다. 걸어가는 하은의 뒷모습, 빙판에 내딛는 첫발, 바이칼 호수와 오고이섬 전경, 엔딩 장면의 드론 숏 등을 촬영하는 게 이들의 과제로 떨어졌다. 영하 30도의 기온과 강풍 속에서 진행된 현지 촬영 상황은 영상 통화를 통해 실시간으로 한국의 제작진에게 전달됐고, 동시에 민용근 감독은 이원석 대표와 바딤 작가에게 디렉션을 줬다. 화면 사이즈, 드론의 방향 전환 등등의 구체적 피드백이 그때 그때 필요했기 때문이다.

VFX를 맡은 코코아비전 팀원들 역시 실시간으로 촬영된 소스에 가합성을 해보면서 광량, 인물의 톤 등을 체크했다. 추후 VFX 작업을 위해 현지에 요구한 내용은 최대한 넓은 구간의 앵글 확보다. 그래야 이후 추가 촬영에서 촬영팀이 자유롭게 앵글을 쓸 수 있기 때문이다. 문제는 러시아의 인터넷 속도였다. 원본 데이터를 주고받기에는 턱없이 오랜 시간이 필요했다. 결국 스틸을 받아 대략의 톤 앤 매너를 맞춰보는 것이 최선이었다.

문제가 발생할 여지는 여전히 남아있었다. 러시아에서 통용되는 25fps(프레임 레이트, 초당 프레임 수)를 한국 기준인 24fps로 바꾸는 등 기본적인 촬영 스펙을 맞추지 않으면 VFX 작업 자체가 불가능한 오류가 생기므로, 촬영팀 역시 현지와 긴밀한 소통을 이어가야 했다. 촬영 첫날은 하늘이 맑았지만 서로 합을 맞춰보다가 오케이 컷을 만들어내는 데는 실패했다. 다음 날은 날씨가 뒤바뀌어 눈과 안개가 호수를 뒤덮었다. 설상가상 살인적인 추위 때문에 장비들은 계속해서 고장을 일으켰다. 장비를 고치려면 모스크바까지 가야 하는데, 그건 사실상 촬영을 접어야 한다는 뜻이었다.

다행히 셋째 날의 행운은 제작진의 편이었다. 날씨는 거짓말처럼 화창해졌고 문제를 일으켰던 기계도 그날만큼은 멀쩡했다. 앞서 이틀간 호흡을 맞춘 세 사람의 합도 좋아 오케이 컷이 나왔다. 모스크바에 도착한 이원석 대표가 모든 영상 파일을 한국으로 전송하고 자가 격리에 돌입하는 것으로 바이칼 촬영의 모든 소동은 마무리됐다.

미소의 그림에서 하은의 그림으로, 다시 하은의 얼굴로 바뀌는 지금의 엔딩은 시나리오 버전과는 조금 다르다. 원래는 바로 앞 신에서 시베리아 횡단열차에 탄 하은의 몽타주가 더 붙어야 했다. 한미연 편집감독은 가편집 과정에서 보다 응축력 있는 엔딩이 필요하다고 판단했다. "편집을 해보면서 엔딩이라고 느껴지는 장면이 꽤 많았어요. 일단 하은의 죽음이 있고, 갤러리에서 그림을 보며 눈물 흘리는 미소가 있고, 서로 그림을 그리면서 창문을 통해 마주 보는 미소와 하은이 있고, 또 바이칼 호수에 가는 과정도 있죠. 하은의 죽음에서 감정이 최고조로 올라간 다음에 남은 이야기들이 너무 많은 것 아닌가 하는 우려가 있었어요. 보다 효과적으로 압축해서 강렬하게 정리할 수 있는 방법은 그림 모티프를 활용하는 방식이라고 생각했죠."

크랭크업 후 일주일이 지났을 때 이 같은 아이디어를 담은 2시간 15분 분량의 첫 편집본이 나왔다. 바이칼 호수 촬영 분량이 붙기 전이었다. 이후 2021년 2월, 제작진과 전소니는 추가 촬영을 위해 철원의 빙상장에 모였다. 바이칼에서 촬영한 백 소스와 합치기 위해 크로마키 스크린이 동원됐고, 하은의 클로즈업이 필요한 분량들이 촬영됐다.

합성 과정에서 VFX 팀이 뜻밖에 애를 먹었던 건 바이칼 호수 빙판의 타이어 자국을 지우는 작업이었다. 관광 차량이 많은 다니는 지역이기에 생긴 문제였다. 실제로 촬영 원본에는 차량과 도로 등이 전부 담겨있다. 작업에는 트래킹(Tracking, 특정 부위의 픽셀 추적)이 필수지만 바이칼 촬영에 동원된 드론의 정보 값을 알아내는 건 불가능했다. 쉽게 말해 드론이 어느 정도 높이로 올라갔는지, 어디에서부터 어떻게 스윙을 했는지 알 수 없는 것이다. 결국 VFX 팀은 매치 무빙(Match Moving, 실사 카메라와 가상 카메라의 합성을 매칭하는 기술)으로 빈 얼음판을 제작하고, 다시 200등분으로 나눠 일일이 트래킹 하는 방식으로 타이어 자국을 지우는 작업을 진행했다.

VFX를 담당한 코코아비전 한재호 수퍼바이저는 미소에서 하은의 얼굴로 디졸브(Dissolve, 앞 장면이 사라지는 동안 새로운 장면이 겹쳐지는 것)되는 한 컷이 가장 어려웠으며 한 치의 타협도 있을 수 없는 작업이었다고 꼽는다. 수정 버전은 총 19개까지 나왔다. "민용근 감독이 '이 한 컷으로 〈소울메이트〉 전체가 표현되어야 한다'고 하더군요. 세 번의 디졸브를 미세하게 조율하는 게 관건이었죠. 결국엔 만족스러운 결과가 나왔다고 봅니다." 눈 밝은 관객이라면 VFX팀이 작업한 하은의 그림을 이전 장면에서도 발견할 수 있을지 모른다. 힌트는 미소의 작업실. 그의 캔버스 구석구석을 유심히 바라보면 보일 것이다.

미술팀은 시베리아 횡단열차 사진을 참조, 열차 내부 한 칸을 세트로
제작했다. 허자연 아트디렉터는 "각 나라의 여행자들이 가져온 다채로운
물품들로 채워지는 곳이라 공간 자체보다는 소품이 훨씬 중요한"
작업이었다고 한다. 소품팀은 서울 을지로에 있는 러시아 거리를 뒤졌다. 관광
상품으로 판매도 하고 열차 내에서 렌트도 가능한 횡단열차 기념품 컵, 열차
내에서 인기가 높다는 한국 라면, 러시아 술과 빵, 유럽의 앤티크 물품들이
세트의 구석구석을 채워나갔다. 설원을 달리는 시베리아 횡단열차 숏은
10~30초 이내의 짧은 영상인 스톡 자료를 활용했다. 비슷한 앵글을 찾고 그
위에 VFX로 기차를 만들어서 합성하는 방식도 고안됐지만, 결과적으로는
컬러 톤만 매만져 썼다.

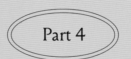

Part 4

"여행하는 동안 문득 깨달은 게 있었어.

이제 우린 다른 삶을 살게 되겠구나.

넌 예전의 나처럼, 난 예전의 너처럼."

◦ Space : Jeju & Seoul ◦

섬과 도시,
확연히 다른 얼굴의
두 공간

영화에서 제주도와 서울은 단순히 물리적으로 멀리 떨어진 지역 그 이상의
의미를 가진다. 제주가 미소와 하은이 언제나 함께한 기억의 장소라면,
서울은 어느 순간까지 두 사람을 지속적으로 분리하며 외롭게 고립시키는
곳이다. 각각 과거와 현재라는 시간의 대표성을 지니기도 한다.

　　　카메라의 자유로운 움직임과 화사한 색감이 강조되는 제주
분량과는 달리 서울에서는 수직과 수평의 움직임, 무채색의 이미지가
두드러진다. 프리 프로덕션 과정에서 미술팀이 제주와 서울의 레퍼런스로
삼았던 것은 각각 모네와 에드워드 호퍼의 그림이었다. 제주의 공간들이
대부분 외부와 적극적으로 연결되고 확장되는 성격을 띤다면, 역으로
서울의 공간들은 창문과 같은 틀 안에 인물을 고독하게 가두는 이미지를
연상시킨다.

　　　다만 제작진은 미소와 하은의 10대 시절이 담긴 제주도 분량이
아름다운 풍광으로 묘사되는 것은 경계했다. 강국현 촬영감독은
룩업을 고려할 때 구체적으로 '글루미(gloomy)'라는 단어를 떠올렸을
정도다. 그는 미소와 하은의 제주 시절을 "예쁘게 묘사하고 싶지
않았던 사춘기"라고 말한다. "우정을 나누던 두 사람이 서로의 삶의
항로가 달라져가는 걸 직감한다는 점에서 안개가 낀, 혹은 장마 같은
느낌을 떠올렸습니다. 이들에게는 제주가 삶의 장소잖아요. 아름다운
휴양지보다는 비바람의 영향을 수시로 받는 공간일 테고, 10대 후반의
시절 자체가 원래 전쟁 같은 시기이기도 하고요. '소녀들의 풋풋하고 예쁜
우정'이라는 건 편견이죠."

　　　음악으로 치자면 정박보다는 엇박, 밝음보다는 '우울함이 가진
아름다움'으로 제주를 표현하고 싶었던 강국현 촬영감독의 비전은 디지털
색보정 단계를 거치면서 조금 완화됐다. 민용근 감독이 제주와 서울의
뚜렷한 룩업 대비를 원했기 때문이다. 제주 분량이 과거의 기억이라는
점에 착안, 강국현 촬영감독은 메인 카메라인 알렉사 미니 LF 라지 포맷
사이즈에 대응 가능한 빈티지 라인 렌즈인 캐논 K35를 활용했다. "제주도

장면들을 포착하는 카메라가 적극적으로 '기억의 편린'을 표현한다면, 서울에서는 인물들 곁에서 관조하는 경향이 두드러집니다." 토키나 광각 줌, 앙제뉴 EZ 등의 렌즈들이 그때그때 장면의 용도에 맞게 사용됐다.

김효성 조명감독은 서울을 "불안정한 빛의 공간"으로 해석했다. "지속적으로 유지되거나 안정적으로 인물에게 쏟아지는 것이 아니라 건물 등에 한 번 반사된 빛이 공간 어딘가로 불안정하게 들어오는 방식"으로 설계한 것이다. 이는 오랜 시간 떨어져 있으면서 서로가 너무 다른 사람이 되었음을 직감하는 미소와 하은의 심리를 반영한다. 시나리오에 묘사된 것보다 적극적으로 촬영 시제를 고민한 것 역시 조명팀이다. 서울 분량에서는 단순히 낮과 밤이 아니라 해 뜰 무렵과 질 무렵의 짧은 시간인 골든아워, 그 직전과 직후로 이어지는 푸르스름한 블루아워가 장면의 성격에 맞춰 훨씬 세분화되어 제시된다. 미소와 하은이 차례로 머무는 산동네 작업실 장면들의 서로 다른 시간대 표현이 대표적이다.

공간에 맞는 사운드를 입히는 작업 역시 중요했다. 제주 촬영 기간 동안 김현상 동시녹음 기사는 바람, 수풀, 파도 소리 같은 다양한 현장음을 녹음했다. 이 소스들은 후반작업에서 IMS Studio가 공간의 소리를 디자인하는 데 유용하게 쓰였다. 하은의 집 식사 장면에서 자세히 귀를 기울이면, 멀리서 잔잔하게 파도 소리가 들려온다. 탁 트인 벽 너머 바다가 바로 내려다보이는 미소와 하은의 아지트에서는 조금 더 가깝게 들린다.

제주 분량의 최다 출연 사운드는, 의외로 매미소리다. 주요 계절 배경이 대부분 여름이어서다. 사람들은 대개 과거 매미 소리를 '맴맴'으로 기억하지만, 소음을 극복하는 방식으로 진화한 최근 매미 소리는 그보다는 '찌잉'에 가깝다. 시대 배경에 맞게 구현하려면 <소울메이트> 속 매미 소리는 전자여야 한다. 하지만 IMS Studio 박용기 대표는 "사운드를 그대로 재연하는 것만이 정답은 아니"라고 말한다. "시대를 의식하기보다 감정적으로 적확하게 동요하게 만들 수 있는 방식을 고민하는 게 자연의 사운드를 디자인하는 기본적인 방법이에요." <소울메이트>의 사운드는 5.1 채널(좌, 우, 중앙, 후면 좌, 후면 우, 저음 전용 스피커로 각각의 사운드가 출력되는 방식) 믹싱 작업을 거쳤다. 당연히 영화관에서 가장 온전한 청각적 체험이 가능하다.

제주 #1

하은 집

Jeju

시나리오 수정 시기에 일주일 정도 제주에 머물렀던 민용근 감독은 동쪽 바닷가 마을인 종달리와 하도리에서 여러 영감을 떠올렸다. 감독이 바라본 마을의 인상이 일종의 가이드가 됐고, 한수정 제작실장을 포함한 제작팀과 로케이션 매니저는 종달리와 하도리를 중심으로 가장 먼저 하은 집을 물색했다. 전체 로케이션 중 미술에 가장 긴 시간이 필요한 공간이어서였다.

3주 정도 발품을 판 끝에 하도리에서 적합한 장소를 찾았다. 임대를 위해 비어있던 집은 비교적 관리가 잘 된 상태였다. 특히 미소와 하은에게 중요한 공간인 욕실은 별도의 드레싱이 크게

필요 없을 정도였다. 거실이나 방은 촬영을 진행하기에는 다소 비좁은 사이즈였지만, 현장감을 살릴 수 있다는 장점은 세트 제작에 비할 바가 아니었다.

지역사회 공간 섭외를 위해서는 마을 주민들과의 원활한 소통을 바탕으로 신뢰를 얻는 것이 필수다. 박준호 프로듀서에 의하면 "단순한 섭외 스킬이 아니라 거의 주민이 되는 과정"이 필요하다는 것이다. 다른 작품에서 이미 제주도 로케이션을 한번 추진한 경험이 있는 제작부원들이 크랭크인 두 달 전인 2020년 6월부터 제주에 머물며 주민들과의 소통을 도맡았다.

장소 섭외와 동시에 본격적인

드레싱이 시작됐다. 안채와 바깥 공간이
이어지는 구조를 떠올린 미술팀은 거실을
확장하는 개념으로 덧마루를 시공했다.
제주도 구시가지 지물포에서 마지막
수량을 탈탈 털어온 20년 전 유행 스타일
벽지는 내부 도배에 쓰였다. 마당의 조경
역시 우선적으로 진행됐다. 조경 전문가가
꽃과 나무의 배치를 맡은 사이, 마당
한편에 자리한 텃밭에 상추와 가지 등의
작물을 심고 기르는 것은 제작부와 미술팀
그리고 하도리 동장님의 몫이었다. 아무리
바빠도 매일 아침 여덟 시, 저녁 다섯 시에
식물에 물주는 일을 모두가 최우선으로
챙겼을 정도다.
　　　비록 화면에 자세히 드러나지

않더라도 미술팀이 텃밭을 비롯한 집의
외관까지 꼼꼼하게 챙겼던 이유는 "집이
하은의 인생을 설명하기 때문"이었다. "어린
미소가 이 집에 들어설 때마다 자연스럽게
부러움을 느낄 정도로 화목하고 온화한
분위기로 만들어주는 게 중요했죠. 녹색
식물들과 어우러졌을 때 더욱 화사한
느낌을 주도록 외관에는 개나리색
페인트를 칠했어요. 이후 조금씩 덧칠을
하며 집이 낡아가는 모습을 표현했습니다."
허자연 아트디렉터의 말이다.
　　　미술팀이 인물들의 나이에 맞게
세월의 더께를 조금씩 올려가며 작업한
하은의 집은 시기별로 6~7가지 버전으로
나뉜다. 바깥채 옆 창고는 하은의 부모님이

당근 농사를 지을 거라는 설정상 관련 물품을 쌓아 배치했다. 후에 이 창고의 내부는 10대 시절 미소가 생활하는 게스트하우스 숙소로 꾸며 촬영하기도 했다. 하은의 열일곱 살 생일 전날, 미소와 하은이 재니스 조플린 음악을 듣는 공간이다.

미술팀이 하은의 집을 꾸며가면서 가장 중요하게 생각한 것은 '정서적 세팅'이었다. 자세히 들여다보면 마당의 빨랫줄, 어린 미소와 하은이 물장난을 치며 놀았을 수돗가 고무호스, 물감으로 색칠한 전복과 소라 껍데기, 어린이용 자전거 등 정겨운 물건들이 집안 곳곳에 빼곡하다. 장독대에는 아이들이 남겼을 법한 낙서가 그려져 있다.

소품 배치를 위해 신보라 소품팀장이 가장 먼저 찾은 곳은 제주 전통 민속 박물관이다. 하은의 집에 지역 특징을 입히기 위해서였다. "제주도만의 전통이 느껴지는 설정이 있으면 좋겠다고 생각했어요. 자세히 보니 장독대가 다르게 생겼더라고요. 서울 경기 지방에서 보던 것이나 다른 지역 장독과는 두께와 색상 자체가 달랐어요. 원래 있던 것을 치우고, 제주 지역 장독을 몇 개 새로 구해 배치했죠." 강화도에서 제작한 것과는 미세하게 다른 제주 화문석, 자개로 만든 4인용 좌탁, 지역 신문사에서 구해온 신문

등도 시대 배경에 맞게 거실에서 묻어나는 생활감의 온도를 은은하게 높여준 장치들이다.

애초에 제작진은 <건축학개론>(2012)의 촬영지가 '카페 서연의 집'으로 운영되는 것처럼 하은의 집 오픈 세트를 남겨두고 싶어 했다. 관객들이 <소울메이트>를 오래도록 기억할 수 있는 공간이 있었으면 해서다. 조심스럽게 추진되던 계획은 집주인의 고사로 무산됐다. 그는 훗날 이 집에 정착하고 싶다는 바람을 내비쳤다. 어린 시절 할머니와의 추억이 가득한 외갓집이라 꼭 돌아오고 싶다는 것이었다. <소울메이트> 역시 추억과 세월의 영화인만큼, 그 바람을 존중하는 것이 우선이었다. 촬영이 끝난 후 집은 다시 원상 복구됐다.

거실 벽에는 하은의 어린 시절 모습과 가족사진이 걸려있다. 실제 전소니의
유년 시절 사진도 있다. 다만 세 명이 함께 찍힌 사진에는 비밀이 있다. 원본은
하은 엄마를 연기한 배우 장혜진의 가족사진. 사진 속 어린이는 전소니가
아니라 장혜진의 딸이다. 하은 아빠를 연기한 박충선의 얼굴은 크로마키
배경에서 따로 촬영한 후 합성했다. 현장에는 크로마키 스크린을 처리한 빈
액자가 걸려있었고, 후반작업에서 합성 화면으로 갈아 끼웠다.

민용근 감독이 어린 미소와 하은이 처음으로 대화를 나누는 장소로 처음
떠올린 것은 커다란 녹나무였다. 제주를 대표하는 높고 큰 아름드리나무로,
제주 내 자생지 군락이 있을 정도다. 하은이 나무 위에 숨은 미소를
찾아낸다는 설정은 감독의 제주 답사 후 별방진으로 바뀌었다. 길이는 약
1km, 높이 3.5m의 돌담인 제주도 문화재다. 계단을 오르면 탁 트인 제주의
풍광을 볼 수 있어 매력적인 공간이지만, 카메라와 조명 등 무거운 장비를
짊어진 스태프들의 입장에선 불규칙하게 쌓아올린 돌담 사이를 곡예하듯
뛰어다녀야 하는 어려움이 있었다.

제주 #2

체오름 동굴

Jeju

'플랜 B'가 오히려 베스트였다. 원래 촬영지로 유력하게 거론되던 장소는 제주 내 유명 관광지인 녹차 밭에 있는 동굴이었다. 그런데 막상 제작진이 현장을 방문해 보니 시나리오가 묘사하는 분위기와 딱 맞는 공간이 아니었다. 비밀스러운 느낌보다는 웅장함이 두드러졌고, 비가 많이 내린 뒤여서 땅도 심하게 질퍽였다. 대안을 찾아내는 것이 한수정 제작실장의 임무로 떨어졌다.

체오름 동굴은 그가 3년 전 제주에서 촬영한 다른 작품을 준비할 때 답사했던 곳으로, 일반 관광객에게는 공개되지 않는 사유지다. "동굴이라기보다 낭떠러지처럼 땅이 푹 꺼진 공간이라

동선이 너무 위험하다고 생각했어요. 그래서 아예 추천하지 않았던 곳인데, 문득 떠올라서 답사를 진행해 보니 다들 좋아하더라고요. 모든 조건이 맞아떨어지는 곳만 연출가에게 제안해야 한다고 생각했던 저의 편견이 깨지는 순간이었죠." 한수정 제작실장의 말이다.

촬영 허가를 얻은 제작진은 제일 먼저 가설 업체를 통해 비계(이동식 작업대)와 계단 설치를 진행했다. 동굴을 드나들 때 모든 인원의 안전모 착용은 필수였다. 사람들이 동굴 안에 촛불을 비롯해 소망을 담은 물건을 놓고 간다는 설정상, 미술팀은 촬영 전 재단을 만드는 작업에 돌입했다. 팀원 전체가 돌을

가득 실은 등짐을 메고 나르며 바닥을
평평하게 다지는 작업에만 며칠을
쏟아부었다. 바깥은 해가 쨍쨍한데도
동굴 안 습기가 비처럼 쏟아져서 작업이
중단되기도 일쑤였다. 설상가상 촬영 전날
제주에 태풍이 상륙한 바람에 모두가
애를 태우기도 했지만, 결과적으로 동굴
시퀀스는 영화에서 가장 인상적인 장면 중
하나로 완성됐다.

자세히 보면 재단에는
'득지(得智)'라는 글자가 새겨져 있다.
제주 토속 신앙에 대한 자료들을 찾던
오흥석 미술감독이 아이디어를 제안했다.
이곳에서 인물들에게 벌어질 일과, 앞으로
오랜 시간이 흐른 뒤에 무언가를 깨닫는
그들의 상황까지 관통하는 문구를 고민한
결과다. 재단 위로는 미술팀이 일일이
쌓아둔 돌탑이 빼곡하다. 반복해서 돌을
쌓다가 '준 돌탑 전문가'가 된 스태프들은
나중에는 꽤 높은 높이의 탑도 식은 죽
먹기로 만들 수 있었다는 후문이다.

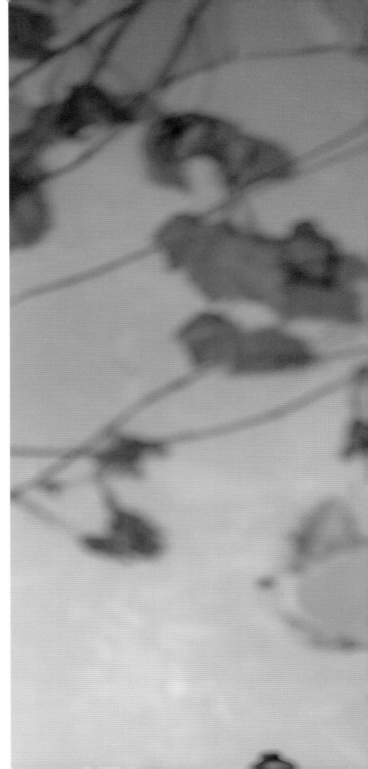

제주
#3

폐리조트

Jeju

미소와 하은의 아지트인 페리조트 역시
원안과는 다른 곳이 채택된 경우다. 공사가
중단된 건물은 유치권을 둘러싼 법정
소송 문제를 겪고 있을 가능성이 높다.
촬영을 위한 안전 검사를 별도로 진행해야
하는 등 기타 절차도 까다롭다. 애초에
점찍었던 공간이 여러 문제로 사용할
수 없게 됐고, 제작진은 제주에서 쌓은
인적 자원을 활용해 수소문에 나섰다.
해결책은 뜻밖에도 가까운 곳에 있었다.
촬영에 적극적으로 협조했던 체오름 동굴
소유주가 공사가 중단된 리조트 건물 역시
소유하고 있던 것이다.

　　　　　폐건물로 방치됐던 건물을 최소한
촬영이 가능한 공간으로 바꾸는 것은

제작팀의 몫이었다. 방역 작업을 시작으로
마구잡이로 풀이 자라난 건물 진입로의
동선을 확보하고, 늘어진 전선들과 각종
기자재를 정리하는 작업을 선행했다.
아지트에서 미소는 하은의 생일을 축하하며
귀걸이를 선물하고, 하은은 처음으로 진우에
대해 털어놓는다. 미술팀은 두 사람에게
의미가 큰 '비밀 공간'이라는 콘셉트에
충실했다. 원래는 내부 벽에 넝쿨이 전혀
없지만, 아늑한 느낌을 원했던 미술팀이 식물
줄기들을 구해다 일일이 드레싱을 거쳤다.
허자연 아트디렉터에 따르면 "넝쿨을
늘리려 심지어 씨도 뿌려보고 뿌리를
물에도 담가 보는" 실험 끝에 하은의 집
조경을 담당했던 전문가의 도움을 빌렸다.

미소가 손바닥 모양을 그려 넣어
임시로 만든 스티로폼 가벽은 의외로
제작이 까다로웠던 소품 중 하나다.
공간의 너비를 감당할 수 있는 크기의
스티로폼을 구할 수 없어, 여러 개를
일일이 붙여 하나로 만드는 과정을 거쳐야
했다. 손바닥 모양은 오흥석 미술감독을
포함한 미술 팀원들이 그린 여러 개의
샘플 중 민용근 감독이 최종적으로
선택한 것을 썼다. 문 앞에 세워둔 승무원
등신대는 아시아나항공의 협조를 얻고,
보조출연자를 섭외 촬영한 뒤 출력해
만들었다.

리조트 장면의 시대 배경은
2004년 여름. 미소가 하은에게 선물하는
생크림 케이크 재연을 위해 소품팀은
당시의 상자 디자인을 본뜬 전개도를 직접
그려 만들었다. 케이크 역시 제주도 시내
개인 빵집에 의뢰해 2000년대 초중반
유행하던 모양을 재연한 것이다.

225

제주 답사에서 종달 초등학교를 인상적으로 봐둔 민용근 감독은 이곳을 교사가 된 하은이 일하는 배경으로 삼고 싶어 했다. 그러나 코로나19 상황으로 촬영이 불가해졌고, 최소한의 인원으로 외부 장면만 촬영할 수 있었다. 하은이 아이들의 하교를 배웅하는 장면에 잠시 등장한다. 그 외 학교 장면들은 전부 다른 곳에서 촬영했다. 스쿠터를 탄 미소가 조퇴한 하은을 데리러 온 학교 외관은 성산 고등학교, 이를 제외한 모든 학교 장면은 전부 경기도에 있는 포천 고등학교다. 어린 미소가 뛰어가는 운동장, 진우와 미소가 처음 만나는 운동장, 미소가 그림을 그리는 미술 특별반 교실, 하은이 수능 시험을 보는 교실 몽타주 등에 등장한다.

하은이 귀를 뚫는 팬시점과 구시가지 추격전은 경기도 동두천에서 찍었다. 인물들이 달리는 동선이라 자동차 번호판 이미지부터 도로명 주소 표지판, 간판까지 미술팀이 커버해야 할 분량이 만만치 않았다. 2000년대 초반에는 존재하지 않던 보안 경비업체의 마크나 기타 상호는 중국집, 마트 바겐세일 전단지 등의 출력물을 만들어 붙였다. 허자연 아트디렉터는 "사소한 장치 같지만 관객들이 엄한 곳에 시선을 빼앗기지 않도록 만드는 중요한 과정"이라고 설명한다.

　　후반 작업에서 VFX팀은 미술팀이 현장에서 물리적으로 커버하지
못한 영역을 일일이 손보는 과정을 거쳤다. 상점 간판 전화번호를 제주
지역으로 바꾸거나, 지금도 영업 중이지만 간판이 달라진 상호의 경우 따로
제작해서 갈아 끼우는 작업이 진행됐다. "'바른손' 간판이 화면에 크게
잡히는데 간판 모양이 지금과는 다르더군요. 현장에서 건물 뒤쪽에 모니터
화면을 설치했는데, 운 좋게도 뒷문에서 옛날 모양 간판을 발견했어요. 바로
소스로 촬영해서 작업을 나름 수월하게 거쳤습니다. 현장에서 건진 작은
행운이죠." 한재호 VFX 수퍼바이저의 말이다.

　　소품팀이 가장 애를 먹었던 장소 중 하나는 하은이 진우의 그림을
그리던 캠모아다. 다른 카페와 달리 확실한 인테리어 개성이 있고, 2000년대
초반 '미팅의 명소'였던 공간의 추억을 재연하는 일이 중요했기 때문이다.
소품팀은 당시와 가장 비슷한 분위기를 낼 수 있는 패턴의 패브릭으로 소파
커버를 새로 제작하는 일부터 시작했다. 남대문 시장과 인터넷을 이 잡듯
뒤져 토스트와 생크림이 담겨 나오던 것과 가장 비슷한 모양의 그릇 역시
공수했다. 메뉴판을 비롯, 창문이나 테이블을 포함해 가게 곳곳에 붙은 상호
그래픽을 과거 버전으로 새로 제작해 붙이는 것은 미술팀의 몫이었다.

서울
#
1

산동네 작업실

Seoul

미소와 하은이 차례로 머무는 작업실 촬영 장소는 서울 성북동 북정마을이다. 외관은 실제 공간을 섭외해 찍고, 내부는 세트를 지어 촬영했다. 허자연 아트디렉터는 시나리오를 읽으며 "도심 속 섬 같은 느낌"을 떠올렸다고 말한다. "도시에 있는 집이지만 창이 크고, 멀리 보이는 풍광을 담았을 때 액자 같은 느낌이 나왔으면 좋겠다고 생각했는데 딱 맞아떨어졌죠. 제작팀이 최적의 로케이션을 골라주신 셈이에요."

VFX 작업에서는 집 주변 풍경이 갈아엎어지다시피 했다. 시대를 재연하려면 슬라브 지붕이나 색이 바랜 기와의 풍광이 필요했지만, 실제로는 주변에 현대식 건물이 많았기 때문이다. "심지어 너무 예쁘게 지어 올린 집이 하나 있었어요. 제가 들어가 살고 싶을 정도로 깔끔한 집이었지만, 산동네라는 설정을 살리기 위해 벽의 질감과 색을 거의 폐허처럼 바꿔놨어요. 실제 집주인이 영화를 보면 놀랄 정도일 걸요." 한재호 VFX 수퍼바이저의 설명이다. 작업실 분량의 본 촬영은 가을이었지만, VFX팀은 겨울에 따로 소스 촬영을 진행했다. 계절의 변화와 다양한 시간대에 따른 창문 밖 풍광들을 작업해야 했기 때문이다. 데이 포 나이트(Day For Night, 낮에 촬영한 밤 장면) 작업을 위한 소스 촬영 역시 필수였다.

233

세트 내부 촬영은 미소의 분량부터 찍었다. 미술팀은 하얀 캔버스가 놓이는 공간임을 감안해 민트색 벽을 고민했지만, 결과적으로는 미색으로 결정됐다. 서울에서 미소의 상태는 무색무취에 가깝기 때문이다. 미소가 있을 때의 공간은 인물의 심리처럼 어딘가 피로해 보이고, 하은의 공간이 됐을 때는 홀가분하고 자유로운 인상을 준다. 자세히 보면 벽에 걸어둔 그림의 스타일, 화구를 정리해둔 방식 등에서 두 사람의 은근한 성향 차이도 보인다. 같은 휴지라도 미소가 두루마리를 갖다 둔다면 하은은 각티슈를 선택하는 식이다. 허자연 아트디렉터는 "하은이 와서 새롭게 페인트칠을 하는 순간부터는 하은과 미소 두 사람의 공간이라고 상상했다"고 말한다. "하은이 머물지만 어딘가 모르게 미소다움이 묻어나는 공간으로 보일 거예요."

제주도에서 어린 시절을 보낸 소품부원의 아이디어로, 신보라 소품팀장은 이 공간에 조개껍데기를 비즈처럼 엮어 만든 발을 걸어두었다. 어린 시절 미소와 하은이 소꿉놀이하듯 함께 만든 추억의 물건이라는 상상을 보탠 것이다. 하은과 보냈던 시간을 잊지 않기 위해 미소가 소중하게 챙겨온 것이라는 설정이다. "화면에 자세히 보이지 않는다고 해도 그런 현장의 디테일 하나하나가 인물의 정서를 만들거든요." 신보라 소품팀장의 말이다. 이후 하은은 이 공간에 어릴 때부터 소중하게 물건을 모아 온 빨간색 틴 케이스를 가져온다.

Seoul

오프닝 타이틀 시퀀스 이후 큐레이터와 미소가 함께 갤러리 지하로 내려오면서 영화는 본격적으로 문을 연다. 극 중 래미 갤러리는 서울 인사동 아라아트센터에서 촬영했다. 높은 층고의 지상 전시실뿐 아니라 지하에도 넓은 면적을 확보한 공간이다. 처음 의뢰를 넣을 때까지만 해도 장기 대관 일정이 빼곡한 전시장의 특성상 제작진이 원하는 시기에 섭외가 불가능했다. 그러나 프로덕션 과정 내내 제작진을 괴롭히던 코로나19 상황이 처음으로 도움이 됐다. 잡혀있던 장기 대관이 취소된 것이다. 덕분에 지하 공간까지 화면에 담고 싶어 했던 민용근 감독의 바람대로 촬영을 진행할 수 있었다. 소품팀에게 할당된 제작비 중 가장 많은 금액은 갤러리 곳곳을 채우는 작품을 구하는 데 쓰였다. 대여에 필요한 저작권 문제도 해결해야 했고, 회화뿐 아니라 조소 작품도 여럿 필요해서였다.

Seoul

하은이 아이를 낳고, 미소와 영원한
헤어짐을 고하는 병원은 전체 로케이션 중
가장 늦게 결정된 공간이다. 실제 공간은
서울 충무로 제일병원으로, 11월 촬영
스케줄 직전인 10월 중순께 촬영 허가가
떨어졌다. 제작진은 병원이 리모델링을
위해 잠시 영업을 중단한 사이 촬영을
진행할 수 있었다. 제일병원은 수술실과

길게 이어지는 병원 복도, 미소가 창밖으로
떠나가는 하은을 바라보는 건물 내 연결
다리까지 촬영 동선에 최적화된 구조였다.
다른 공간도 마찬가지이지만 특히 병원은
시시각각 변하는 코로나19 상황에
끝까지 촉각을 곤두세워야 하는 예민한
장소이기도 했다.

∘ Objet ∘

<소울메이트>의
물건들

ㅎㅇ ㅁㅅ 귀걸이

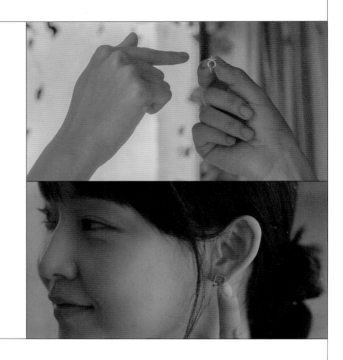

하은의 열일곱 살 생일, 미소는 하은의 이름을 딴 귀걸이를 선물한다. 두 사람이 한쪽씩 우정의 표식을 나눠가진 10년 뒤 스물일곱 살 하은은 미소에게 미소의 이름을 딴 귀걸이를 선물한다. 아니, 미소가 그것을 발견한다. 귀걸이를 나눠가질 하은은 이미 떠나고 없다.

두 사람에게 더없이 중요한 물건인 만큼 미술팀 전체가 디자인에만 몇 주를 매달렸다. 2000년대 초중반 유행했던 알파벳 디자인 등 다양한 의견이 나왔지만, 결국 두 사람의 이름 자음을 딴 것이 채택됐다. 디자인부터 제작까지는 총 한 달 이상 걸렸다. 귀걸이 상자의 경우 민용근 감독이 끈을 풀었을 때 제품이 드러나는 일체형 디자인을 원했기 때문에, 신보라 소품팀장이 직접 전개도를 그려 하드보드지로 제작했다.

미소와 하은은 ㅎㅇ 귀걸이를 각각 왼쪽과 오른쪽 귀에 하나씩 나눠 착용한다. 영화를 자세히 보면, 두 사람의 마음이 통할 때는 카메라가 인물들의 귀가 잘 보이도록 포착하고 있다. 이때 측면 숏은 미소의 왼쪽과 하은의 오른쪽을 유독 공들여 보여준다. 반대로 미소와 하은이 갈등을 겪을 때는 귀걸이가 두드러져 보이지 않는다. 인물들은 머리카락을 내려 귀를 가리거나, 귀걸이를 착용하지 않은 쪽 측면으로 화면에 등장한다.

벽조목 목걸이

실제 벼락을 맞은 나무로 만드는 물건인 만큼 별도의 디자인이 필요한 작업은 아니었다. 미술팀이 벽조목 목걸이 전문 업체(대디하트)에 의뢰했고, 물건은 캐나다에서 공수됐다. 미세하게 다른 20여 개의 모양 중 민용근 감독이 최종적으로 하나를 선택했고, 카메라가 멀리 있어 인물이 잘 보이지 않는 숏들에서 사용하기 위해 비슷한 모양으로 고른 보조용까지 총 세 개의 목걸이가 촬영에 쓰였다. 업체에서 보내준 제품은 얇고 심플한 줄에 매달려 있었지만, 미술팀은 여러 갈래를 땋아 만든 것으로 교체했다. 진우가 어릴 때부터 가지고 있는 물건이라는 설정상 낡아가는 과정이 필요했기 때문이다. 끈이 얽혀있는 모양 또한 얽히고설킨 인물 관계의 상징성을 더한다.

재니스 조플린 CD

재니스 조플린의 'Me And Bobby Mcgee'는 1971년에 발매한 앨범 <Pearl>의 수록곡이다. 미소와 하은이 앨범 재킷을 펼쳐본다는 설정상 조금 더 디테일한 페이지 설정을 원했던 감독의 요청에 따라 소품팀이 약간의 디자인 변경 수정을 거쳐 재킷만 따로 제작했다.

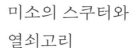

미소의 스쿠터와
열쇠고리

미소의 스쿠터 모델은 대림 메시지 50cc.
록 음악을 좋아하는 미소의 취향을 반영해
슬립낫(slipknot), 롤링스톤즈(Rolling
Stones) 등 록 밴드들의 로고 스티커를 붙여
장식했다. 사이드 미러에 붙은 'JUST SMILE'
문구와 스쿠터 앞면 정중앙의 스마일 스티커는
미소의 이름에서 착안한 설정이다. 이는 후에
미소가 몸에 새긴 스마일 타투와도 연결성을
가진다. 미소와 하은의 출생연도인 1988로
번호판을 단 것 역시 미술팀의 아이디어다.

미소의 스쿠터 열쇠고리에는
끈 장식, 인형 등 아기자기한 소품들이
매달려있다. 끈을 꼬아 만든 장식은 2000년대
초반 유행을 반영한 것. 소품팀이 다양한
색상의 운동화 끈을 엮어 만들었다. 미소는
당시 유행하던 브랜드인 키플링의 고릴라를
비롯해 다양한 인형 장식을 매달고 다닌다.
소품팀은 미소에게 결핍을 메우려는
무의식적 행동이 있을 거라고 캐릭터를 해석,
소소한 것들조차 버리지 못하고 전부 모으는
성격을 상상해 열쇠고리를 꾸몄다.

하은의 틴 케이스

하은이 소중하게 생각하는 것들을 모아놓는 상자 역시 인물의 성격이 보이는 중요한 장치. 그림을 그리면서 숱하게 생긴 몽당연필을 모아둔 유리병, 미소가 선물한 귀걸이 상자, 디지털카메라, 연필깎이, 다마고치 기계, 미소와 주고받은 교환일기장 등이 상자를 빼곡하게 채운다. 영화에서 적극적으로 드러나지는 않지만 소품팀이 제작한 하은의 물건 중에는 하드보드지로 만든 필통도 있다. 좋아하는 연예인 사진을 붙여 만든 필통 제작이 유행했던 시대 분위기를 반영한 것이다. 참고로 해당 연예인은 동방신기였다. 다마고치 기계는 소품팀이 일본 옥션 사이트를 뒤져 구했다.

핸드폰과 mp3

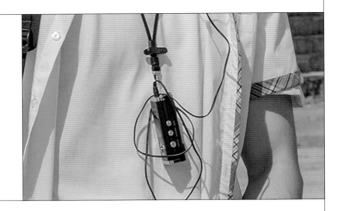

2000년대 초중반 폴더폰은 은근히 구하기 어려운 소품 중 하나다. 제품 연혁 조사부터 시작해 시대 고증을 맞추는 작업은 필수고, 개통까지는 불가능해도 전원이 들어오는 것을 구해야 한다. 화면 자체는 VFX 팀에서 만들어 작업할 수 있지만, 어두운 공간에서 폴더를 열었을 때 인물에 닿는 빛은 조명이나 후반 작업으로 만들어내기 쉽지 않아서다. 극 중에서 미소와 하은이 쓰는 모델은 당시 유행했던 폴더폰을 공수했다.

진우의 MP3 플레이어 역시 어렵게 공수됐다. 목에 걸고 다니는 제품이 막 출시되기 시작한 시대임을 반영한 것으로, 아이리버(iriver) 제품을 썼다. 극 중 진우는 패닉의 음악을 좋아한다. 시나리오에는 서클링 멤버들과 함께 노래방에 간 진우가 '달팽이'를 부르는 장면 묘사가 있다.

꽃무늬 방석

고양이 엄마의 꽃무늬 방석은 미술팀과 소품팀의 합작으로 탄생했다. 방석 솜에 꽃무늬 패턴 패브릭을 씌우는 것도 고려됐으나, 결과적으로는 당시 유행하던 스킬자수 방식이 선택됐다. 집 전화 받침대와 러그 등을 만들 때 주로 쓰던 방식이다. 털실 방석이 주는 포근한 인상 덕에 고양이가 앉아있는 장면은 한결 따뜻해 보인다. 소품팀이 도면을 만들고 일일이 색실을 떠서 만든 방석 제작은 하나당 3~4일이 걸리는 대 작업이었다. 여분까지 총 다섯 개를 제작했고, 그중 하나는 바닷가에서 하은 엄마와 미소가 물건을 태우는 장면에서 실제로 태웠다.

바이칼 호수 엽서

해외 촬영을 진행할 경우 현지에서 공수할
예정이었지만 결국 소품팀이 전부 제작했다.
바이칼 호수의 전경 사진 중 민용근 감독이
원하는 앵글을 골라 저작권을 해결해
사용했다. 우표와 우편 소인 역시 전부
제작팀이 만든 것이다. 바이칼에서 하은이
보낸 엽서를 비롯해 극 중에서 미소와 하은이
주고받는 모든 편지 중 글씨가 보이는 것은
배우들이 직접 썼다. 미소와 하은이 고른
편지지에도 미세한 차이가 있다. 하은이
노란색 바탕에 꽃 그림이 있는 아기자기한
디자인을 선호한다면, 미소가 보낸 편지지
디자인은 심플 그 자체인 식이다.

청첩장

하은과 진우의 청첩장은 미술팀이 구상한 시안에 민용근 감독의 의견을 더해 제작됐다.
신랑과 신부가 마주 서고, 창문 형태의 디자인이었으면 한다는 것은 감독의 주문이다.
최소 제작 수량이 정해진 관계로 소품팀은 수백 장의 청첩장을 인쇄했다. 청첩장 외에도
결혼식장 장면을 위해 제작된 소품은 다양하다. 미술팀은 보조 출연자들의 자연스러운
동작 연결을 위해 식권과 주차 안내문까지 별도로 제작했다.

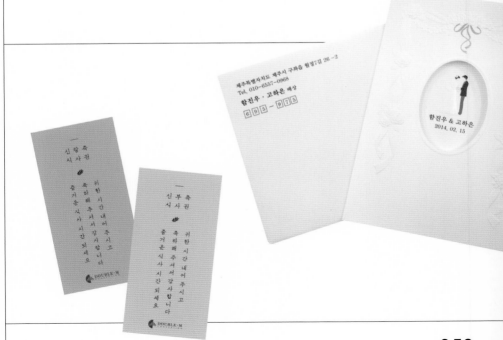

∘ Soundtrack ∘

재니스 조플린부터
재주소년까지

재니스 조플린의 'Me And Bobby McGee'는
미소를 대변하는 곡이다. 민용근 감독은
시나리오를 쓰면서 학창 시절 좋아했던
뮤지션인 재니스 조플린을 자연스럽게
떠올렸다. 그가 요절한 나이인 스물일곱
살이 극 중 인물들에게도 중요한 시점임을
인식하면서부터다.

샤우팅이 돋보이는 다른 곡과 달리
재니스 조플린이 컨트리풍으로 편안하게 부른
'Me And Bobby McGee'는 민용근 감독에게
끝없이 자유를 갈망하는 누군가를 떠오르게
했다. 원곡 가수인 크리스 크리스토퍼슨이
바비라는 이름을 여성에게서 따온 것을 알게
되면서, 감독은 노래의 가사를 두 명의 여성
스토리로 대입해 해석해 보기도 했다. '자유의
다른 말은 잃을 게 없다는 것(Freedom's just
another word for nothing to lose)'이라는
가사 또한 미소의 상황과 잘 어울렸다.

영화에는 기성곡이 하나 더 있다. 하은이 진우를 그리는 장면에서 나오는 재주소년의 '눈 오던 날'이다. 이는 원래 한미연 편집감독이 가편집 때 임의로 선곡해 입혀둔 것이었지만, 노래를 접한 민용근 감독에게 운명처럼 다가온 곡이다. '오래전부터 너를 좋아하고 있었어 / 이런 내 맘을 너에게 고백하고 싶었어'라는 가사는 하은의 마음의 반영이다. 제작진이 해외 촬영을 포기하면서 절약된 예산은 대부분 'Me And Bobby McGee'와 '눈 오던 날'의 저작권 비용으로 쓰였다.

4인조 펑크록 밴드 '더 사운드(THE SOUND)'는 미소가 일하는 제주도 클럽 장면에서 기훈의 밴드 멤버들로 등장해 직접 연주를 담당했다. 뿐만 아니라 미 발표곡 두 곡을 영화에 수록했다. 미소가 일하는 제주 클럽에서는 'MOONLIGHT', 미소와 하은과 진우가 바닷가에서 즐거운 한때를 보낼 때는 'Ocean View'라는 곡이 흐른다. 후자는 장면에 맞게 밴드가 새로 만든 곡이다.

민용근 감독의 단편 <자전거 도둑>과 <고양이 춤>으로 작업 호흡을 맞춘 모그 음악감독은 기성곡의 경우 연출자의 선택을 존중하고, 그 외의 작업이 필요한 부분을 채워 넣었다. 처음에는 종소리 같은 "보편적이지 않은" 악기 구성을 적극적으로 사용해 보자는 콘셉트를 구상했으나 일부 장면에서만 사용했고, 결과적으로는 피아노와 현악기 등 친숙한 악기 구성의 방식을 택했다. 과거부터 현재까지 넘나드는 구조 자체가 단순하지 않기 때문에 음악은 비교적 서정적인 결이 돋보이는 게 좋겠다는 내부 의견의 반영이었다.

미소와 하은의 테마를 따로 작업하지는 않았다. "완전히 다른 둘이 아니라 서로 잘 이해하면서도 동질감을 느끼고, 때론 한 사람처럼 느껴지는" 캐릭터의 구조가 더 중요하다고 생각했기 때문이다. 모그 음악감독은 "테마곡을 만들어서 캐릭터에게 고정적 이미지를 주고 사건의 시작을 알리는 방식은 피해야겠다는 생각으로 작업했다"고 말한다.

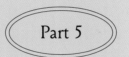

Part 5

"이젠 니 얼굴을 그리고 싶어.

사랑 없인 그릴 수조차 없는 그림 말야."

소울메이트,　　　내가 나로
　　　　　　　　존재할 수 있게
　　　　　　　　하는

Interview

민용근 감독

원작 영화에서는 어떤 인상을 받으셨나요?

연출 제안을 받은 뒤 처음 봤어요. 가장 먼저 떠올린 생각은 '왜 나한테 이 제안을 주셨지?'였죠. 비슷한 경험이 있는 여성 연출가에게 더 어울릴 법한 작품 같았어요. 그러다 영화를 다시 보니, 칠월과 안생이 화해하는 장면에서 어떤 감정이 확 스치더라고요. 자기 자신에 대해서, 또 서로의 관계에 대해서 오랜 시간을 돌고 돌아 비로소 무언가를 깨닫는 순간을 맞이한 데서 오는 감정이었죠. 그걸 영화로 표현해 보고 싶다는 생각이 들었어요. 원작 소설이 품고 있는 캐릭터와 관계의 정서도 매혹적이었지만, 영화의 시나리오 역시 무척 영리하게 각색된 결과물이라고 생각했습니다.

리메이크는 어쩌면 새로운 이야기를 만들어내는 것보다 복잡하고 어려운 과정인 것 같습니다. 연출을 수락하고 나서 가장 먼저 떠올린 방향성이 있다면요?

두 사람의 화해 장면에서 저는 '시간' 혹은 '세월'을 떠올렸어요. 그리고 사람이 살면서 무언가를 깨닫는 순간이 특정 사건을 통해서가 아니라, 누군가의 얼굴을 가만히 들여다보는 것을 통해서도 가능하다는 깨달음이 크게 다가왔죠. 그러려면 인물들의 세월을 표현하는 게 중요하다고 생각했어요. 주인공의 죽음에 대한 의문도 들었어요. 원작 영화에서는 칠월이 죽고, 원작 소설에는 안생이 죽어요. 그런데 왜 꼭 둘 중 하나가 죽어야만 할까 하는 생각이 들더라고요. 물론 충분히 일어날 수 있는 비극이지만 '두 사람이 함께 살아내며 지키고자 했던 것들을 끝까지 지켜나가는 이야기일 순 없을까?' '마지막에 오랜 세월을 함께 보낸 이들의 모습을 보여줄 순 없을까?' 하는 아쉬움이 생겼다고 할까요. 각색을 염두에 두고 가장 처음 머릿속에 떠올린 영화 속 마지막 장면은, 일련의 상황이 모두 지나간 뒤 미소와 하은이 갓난아기와 함께 배를 타고 어딘가로 떠나가는 모습이었어요.

초기 시나리오 가운데는 인물들의 중년, 나아가 그 이후까지 다루는 버전도 있습니다. 결과적으로는 원작 영화와 마찬가지로 두 사람 중

한 명이 젊은 나이에 죽음을 맞이하는 이야기가 됐죠. 그 사이에는 어떤 생각의 변화가 있었는지요.

본격적인 시나리오 작업에 들어가기 전에 강현주 작가와 방향성을 논의하면서, 이야기의 화자가 둘 사이 제3의 인물이면 좋겠다는 의견을 나눴어요. 그렇게 성인이 된 딸 캐릭터가 만들어졌죠. 초반에 1,2고를 작가님이 쓰셨고 제가 3,4고를 썼는데 제가 쓴 것 중에서는 미소가 기억 상실증에 걸린 버전도 있어요. 시나리오를 서로 주고받으며 하나의 서사를 지속적으로 발전시켰다기보다 각기 다른 버전의 이야기를 매번 새롭게 만들어냈던 거죠. 딸이 엄마에 얽힌 미스터리를 밝혀가는 구성도 있었어요. 다만 세월을 다룬다는 측면에서, 현재 시점에서의 인물들 연령대는 늘 중년이었습니다. 두 사람이 죽지 않고 오래도록 함께 한다면 그들의 관계를 보다 깊숙하고 진득하게 그려낼 수 있지 않을까 싶었던 거죠. 딸을 화자로 등장시키는 건 마음에 드는 아이디어였지만 현실적으로 주연 배우가 한 명 더 필요하고, 그에 따라 미소와 하은을 향한 집중도가 분산된다는 부담이 있었어요. 피드백 과정에서 원작의 방향과 너무 크게 달라지는 것에 대한 우려도 있었고요. 결국 5고부터는 원작 내러티브의 핵심 설정들을 다시 가져오는 방향의 각색을 해보기로 했죠.

성인이 된 딸 엘렌이 등장하는 시나리오(4고)는 세대 간 연결성을 고심한 결과로 보였습니다.

그게 장점이자 단점이었어요. 폭넓은 세대를 다룬다는 의미는 있었지만, 미소와 하은에 집중되지 못하는 면도 있었죠. 나름대로 굉장히 고심해서 만든 캐릭터이긴 했어요. 미래지향적인 새로운 감각의 음악을 하고, 기존의 어떤 가치관에도 구애받지 않는 자유로운 인물이라는 점에서 이국적인 이름도 붙여보고(웃음). 미소와 하은이 가진 가장 이상적인 부분들을 결합한, 두 명의 엄마를 둔 한 사람이라는 생각으로 만든 인물이었죠. 이 시나리오의 버전에서는 하은 엄마 역할도 좀 더 두드러졌어요. 제가 처음 떠올렸던, 배에 탄 세 사람의 이미지로 끝나는 엔딩에서 그들이 거기까지 갈 수 있도록 결정적 역할을 하는 인물을 하은 엄마로 설정한 거죠. 미소와 하은의 관계성이 더 윗세대의 여성까지 확장되면 좋겠다는 마음으로 설계한 시나리오였어요.

결국 영화에서 두 사람을 잇는 존재는 고양이가 됐네요.

몇 년 전부터 고양이와 함께 살고 있는데, 그 영향이 있었을 거예요. 전작 <혜화, 동>에서는 개가 중요하게 나와요. 그 역시 학창 시절 반려견에게서 받은 인상의 반영이었거든요. 종일 가족을 기다리는 걸 보면 애틋했는데, 결국 낮 동안 돌봐줄 사람이 없어서 다른 집으로 보내야 했어요. 몇 년이 지나 친척 집에 방문하는데 웬 옆집 개가 저를 보고 너무 반가워하는 거예요. 나중에 얘기를 들어보니 제가 키우던 개가 친척의 옆집으로 보내졌던 거죠. 그때 감정이 정말 묘했어요. 내가 삶을 사는 동안 내 주변의 동물과 무생물, 공간까지 전부 연결되어 세월을 함께 보내고 있구나 하는 생각이 들었죠. 그 감정이 <혜화, 동>의 중요한 모티프가 됐어요. <소울메이트> 시나리오를 쓸 때 고양이가 늘 곁에 있어서였는지, 어느 순간 미소와 하은이 같이 보낸 시간이 동물에게는 일생이 될 수 있다는 데 생각이 미쳤어요. 애초에 중요하게 생각했던 세월이라는 주제를 고양이로 표현할 수 있겠다 싶었죠. 하은이 세상을 떠난 뒤 빈 방석, 어딘가로 떠나는 듯한 고양이의 이미지를 연결해 보여준 것도 마찬가지 이유였어요.

**미소와 하은의 이름도 시나리오가 수정될수록 조금씩 바뀌었습니다.
인물들에게 지금의 이름을 붙인 이유는요?**

원작에서 미소 역할의 이름이 안생(安生)이잖아요. 실제 삶은 그렇지 않기에 역설적인 이름이죠. 그 느낌 그대로를 반영하고 싶어서 이름은 미소인데 성이 안(安) 씨라 '안미소'가 되는 인물을 떠올렸어요. 하은에게는 꽤 오랫동안 수진이라는 이름을 썼죠. 가장 평범한 이름 중의 하나를 쓰고 싶었던 애초의 의도에는 잘 어울렸지만, 주인공의 이름으로서는 조금 약한가 싶기도 했어요. 하은이라는 이름은 어감에서 오는 캐릭터성이 주인공과 잘 어울린다고 생각했습니다.

출산과 죽음이 둘 중 누구의 몫이어야 하는지도 여러 차례 고민하신 듯했습니다. 두 가지 모두 미소의 서사가 된 버전의 시나리오도 있었죠.

원작 영화의 칠월, 그러니까 <소울메이트>의 하은이 좀 안타깝다는 생각을 한 것 같아요. 삶 속에서 연속성을 가지는 게 아니라 이제 막 변화하고 성장하려는 타이밍에 죽음을 맞이하니까요. 하은의 변화와 성장을 고민하다 보니 임신과 죽음이 미소의 몫으로 된 적도 있고, 기억 상실증에 걸린 미소 곁에서 하은이 일상의 무게를 감당해 내며 살아가는 버전을 쓴 적도 있어요. 그렇게 하은의 성장을 더 오래 그려나가고 싶었던 거죠.

여러 차례 바뀐 인물 설정과는 달리 제주도 배경은 한 번도 바뀌지 않았습니다. 그런데 바이칼 호수의 경우 다른 장소를 고려한 버전의 시나리오도 있더군요.

처음에는 막연하게 낯설고 이국적인 공간에서 엔딩을 맺고 싶다는 목표 정도만 있었어요. 강현주 작가가 5고에서 남태평양의 섬나라 바누아투 아이디어를 내주셨죠. 바다 안에 우체통이 있어서 우편물을 넣을 수 있다는 설정이 좋았어요. 결과적으로 이 장소를 채택하지 않은 건, 섬에서만 살아왔던 하은이 제주를 떠나 당도하는 곳이 완전히 다른 느낌의 공간이었으면 해서였어요. 그래서 아예 북쪽의 추운 지역들을 떠올리기 시작했고, 자연스럽게 시베리아 횡단열차도 연상했죠. 바이칼 호수는 이미지들을 찾아보면서 매력적인 공간이라고 생각했어요.

언급하신 5고에서는 인물들의 나이가 지금과 같이 수정(1988년생)됐죠. 결과적으로 영화에서 2000년대 초중반 풍경이 중요해졌는데, 그 시간 배경이 갖는 장점은 무엇이라 보셨나요?

원래는 미소와 하은이 1973년생이었죠. 이것도 두 사람 사이의 딸 캐릭터를 고려해서 역으로 산출한 나이였어요. 미소와 하은이 스물일곱 살이 됐을 때, 그러니까 밀레니엄이 도래하는 2000년에 딸이 태어나면 좋겠다고 생각해서였어요. 이후 1980년생으로 바꿨다가 최종적으로는 1988년생이 됐어요. 현실적으로는 김다미 배우 그리고 함께 호흡을 맞출 배우의 연령대도 고려해야 했고, 주인공들이 열일곱 살이 되는 2000년대 중반 무렵의 시대 배경이 재밌다는 생각도 들었습니다. 문화가 자유롭고 풍성한 시기였으니까요. 음악도 그렇고, 특히 패션은 너무 자유분방해서 과하다는 생각이 들 정도였고요. 정치적 영향도 있었을 테고 2002년 월드컵이라는 엄청난 에너지의 여진이 있던 시기이기도 했죠. 그 시기를 담아내는 의미가 있다고 생각했어요. 최근으로 올수록 문화나 사람들의 가치관이 오히려 과거에 비해 갇혀있는 것 같아요. 영화 속 현재가 2020년인데, 건조하게 살아가는 미소의 모습이 요즘 시대와 닮아있다는 인상 역시 표현하고 싶었어요.

본격적으로 시나리오를 쓰기 전 다양한 여성들을 만나 인터뷰를 진행하셨다고 들었습니다.

아무래도 저는 남성이니, 여성들의 관계에 대해 잘 모르는 면이 있다는 생각이 들었어요. 극 중 인물들과 같은 나이인 1988년생 분들도 만나보고, 주변에서 여러 사람을 소개받아 인터뷰를 진행했죠. 중요한 롤 모델이 된 여성들이 있는데, 예순이 넘는 나이가 되도록 평생을 함께 동지로 살아오셨더라고요. 그들이 함께 감당했던 시간 자체가 존경스러웠어요. 인물들의 관계를 어떻게 그려야 하는지에 대한 고민이 그제야 정리됐다고 할까요. 처음에는 둘이 우정을 나누는 친구인지, 사랑하는 사이인지, 아니면 그 이상의 무엇인지 규정지어야 하지 않나 하는 고민이 있었던 것 같아요. 그런데 어느 순간 의미 없게 느껴지더라고요. 사람마다 삶의 방식은 다양하고, 사람들이 언어로 규정하는 관계 안에도 실제로는 수많은 스펙트럼이 존재하잖아요. 미소와 하은의 관계를 특정 언어로 규정해서 가두지 말아야겠다는 생각이 들었어요. 부모님이 친구 관계라 어릴 때부터 자연스럽게 함께 자라다시피 한 분들의 사연도 인상적이었어요. 어느 순간 서로가 서로에게 단 한 사람이라는 것을 느끼셨다고 해요. 두 분 사이에 흐르고 있는 그 감정의 힘, 전혀 과시적이지 않고 일상적이지만 끈끈한 연결이 제게 무척 인상적으로 다가왔어요.

각색 과정에서 크게 달라진 지점 중 하나는 미소와 진우의 관계 설정입니다. 두 사람 사이의 감정이 모호하게 처리되는 원작과 달리, <소울메이트>는 분명하게 선을 긋고 있다는 인상을 주죠.

물론 영화의 본격적인 갈등은 우리가 흔히 말하는 삼각관계에서 비롯되죠. 하지만 이 작품 자체가 이야기하고자 하는 본질은 그게 아니라는 점을 분명히 하고 싶었어요. 미소와 진우 사이에 애매모호한 감정이 끼어들면 영화가 나아가야 할 방향과 에너지를 갉아먹게 되는 것 같았어요. 그것보다는 미소와 하은이 가지고 있는 각자의 의지, 내가 누구인지를 더 적극적으로 발견해가는 과정이 돋보이는 영화가 됐으면 했습니다.

결혼을 앞둔 하은이 사라지는 설정으로 바꾼 것도 마찬가지 이유였을 것 같습니다. 원작에서는, 알고 보면 칠월이 소가명에게 결혼식 때 나타나지 말라고 부탁했음이 나중에 밝혀지죠.

칠월의 상황 자체도 이해는 됐어요. 하지만 저는 하은이 좀 더 정면으로 부딪치게 만들고 싶었던 것 같아요. 하은이 이후의 삶을 살아갈 때 오로지 나의 힘으로 부딪치고 깨달은 기억이 있어야 추동력을 얻을 것 같았죠. 그래서 하은의 선택에 어떤 기교도 넣고 싶지 않았어요. 그날의 하은은 자신의 행동을 미리 계획한 것이 아니라 그간 계속 쌓아왔던 감정들을 확인했고, 그걸 하나의 명확한 의지로 발현한 것이라 생각했어요. 각색하는 과정에서 큰 줄기 삼았던 건 '원작의 궤도를 따라가는 듯 이탈하고 다시 궤도로 돌아오는 듯하다 이탈하는' 것을 반복하는 구조였습니다. 관객들이 원작 영화와 비슷한 흐름에서 반가움을 느꼈다가, 곧 새로운 장면에서 긴장감을 느꼈으면 했죠.

'감춰진 진실'을 보여주는 미스터리 구조는 원작 영화에서도, <소울메이트>에서도 중요합니다. 생각해 보면 감독님의 <혜화, 동>도 마찬가지죠.

기본적으로 미스터리 구조를 좋아해요. 중요한 건 그걸 통해서 마지막에 보여주는 게 결국 무엇인가 하는 점이에요. 범죄 서사라면 범인이 누구인가, 좀 더 나아간다면 그는 왜 그런 일을 저질렀는지를 보여주겠죠. <혜화, 동>과 <소울메이트>의 경우에는 감정의 결을 보여주는 게 중요했던 것 같아요. '내가 전달하고 싶은 감정은 이거야'라고 직설적으로 제시한다면 단순 정보 전달에 그치게 돼요. 그래서 다양한 경로를 우회하며 감정이 쌓이도록 설계하는 게 중요했고, 그 과정이 미스터리라는 구조랑 맞물렸던 것 같아요. 실제로 저는 영화를 만드는 게 어떤 얼굴을 찍고 싶어서인 경우가 많아요. '왜 하필 그 얼굴일까'를 생각하면 그 안에 감춰진 감정을 알고 싶다는 궁금증에 가닿게 되죠. 사람은 관계 안에서 늘 상대방의 진짜 마음을 궁금해하기도 하고요.

본격적으로 촬영을 시작하기 전 키스태프들에게 중요하게 당부한 점이 있나요?

과거와 현재가 서로 대조적인 화면이면 좋겠다는 점만큼은 중요하게 언급했던 것 같아요. 강국현 촬영감독은 함께 대화 나누며 의견을 구할 때마다 '그건 이렇게 하면 됩니다'라기보다는 '이렇게 하면 될 것 같은데... 사실 잘 모르겠다'는 피드백을 주로 주셨는데, 저는 그게 정말 인상적이고 좋았어요. 시나리오를 쓸 때 저의 입장도 마찬가지였거든요. 미소는 이런 사람일 거야, 하은은 이런 사람일 거야, 여기에서 둘이 느끼는 감정을 이럴 거야 하며 모든 것을 단정 짓지는 말아야겠다고 생각했죠. 충분한 준비는 하되 현장에서 언제 어떻게 만나게 될지 모를 미지의 영역에 대한 호기심과 궁금증을 유지하는 게, 때론 확신보다 중요한 태도라는 걸 함께 작업한 스태프들을 통해 깨달았어요.

미소와 하은의 성격을 단정 짓지는 않더라도 대략적인 키워드는 구상하셨을 텐데요.

미소의 경우는 결핍이죠. 그걸 채우려는 의지와 동적인 움직임이 미소를 자유로운 인물로 보이도록 만든다고 생각했어요. 한편으로는 안정적인 면을 지향하는 욕구가 섞여있다고도 봤죠. 반대로 하은은 순종적일 것 같지만, 실은 영리한 사람이라고 생각했어요. '남의 말을 잘 듣는 아이'라고 믿게 만든 다음 자기가 빠져나갈 구멍을 찾아 일탈할 줄 아는 사람인 거죠. 원작 영화의 하은, 그러니까 칠월을 연기한 마사순 배우는 자신의 캐릭터를 '빙하 속에 묻혀 있는 용암'이라고 표현하더군요. 차분해 보이지만 그 안에는 불안정한 무언가가 뜨겁게 끓고 있는 인물이라는 거죠. 두 인물에 대해서 이 정도 인상만을 세워놓고 접근했던 것 같아요.

보는 사람마다 차이가 있겠지만, 개인적으로 원작 영화는 안생에게 시선이 더 쏠리는 작품이었다고 생각합니다. 배우 주동우가 가진 에너지 덕일 수도 있고, 그가 연기하는 안생의 관점에서 서술하는 이야기라 그럴 수도 있고요. 그런데 <소울메이트>의 경우 미소와 하은의 깊이와 존재감이 공평하게 느껴지더군요. 인물 간 균형을 잘 맞춘 설계라는 생각이 들었습니다.

원작 영화를 본 사람들 대부분이 안생을 더 인상적으로 기억하는 것 같아요. 말씀하신 대로 배우의 힘일 수도 있고, 칠월에 비해 상대적으로 동적인 인물이기도 하니까요. 그런데 저는 원작 영화를 거듭 볼수록 칠월이 가진 힘이 없다면 안생이 지금과 같은 인물로 표현되지 않았을 것 같더라고요. 어떤 관점에서는 원작 영화가 칠월의 이야기처럼 보일 정도로요. <소울메이트>를 만들면서 두 인물의 균형을 기계적으로 맞추겠다는 목표는 없었어요. 다만 원작 영화와 비교했을 때, 하은의 성장을 중요하게 생각하긴 했죠. 크게 보면 미소로 시작해 하은으로 끝나는 구조이기도 하고요.

서로 극명하게 달라 보이던 두 사람의 삶은 끝내 상대방을 닮은 모습으로 교차됩니다. 연출자의 입장에서 중요하게 생각한 교차의 분기점이 있나요?

미소와 하은의 갈등이 절정으로 치닫는 진우 집 욕실 시퀀스 이후에 영화는 확실히 이전과는 다른 국면으로 넘어가죠. 그런데 그보다는 하은이 결혼식장을 빠져나오는 지점부터 본격적인 전환이 시작된다고 봤습니다.

한편으로는 미소와 하은은 애초에 아예 다른 둘이 아니라, 한 사람의 일생을 시기에 따라 나눠놓은 두 모습 같다는 생각도 하게 됩니다. 태명은 미소였지만 태어난 이후에 하은이라는 이름을 가지는 딸 역시 이 같은 생각을 뒷받침하게 만드는 존재이고요.

사람은 누구나 자기가 선택하지 못한 삶의 모습을 동경하는 것 같아요. 인생의 어느 시점에 그런 분기점을 맞이하는 것 같고요. 그때 과감하게 반대의 방향으로 달려 나가보는 사람이 있고, 지금까지의 관성대로 삶을 이어가려는 사람도 있죠. 그런 면에서 사람에겐 용기가 정말 중요하다는 생각이 들어요. 특정한 모습으로 규정되지 않으려는 용기요. 아이 이름을 지을 때도 마찬가지 생각이었어요. 생물학적 부모가 누구인지는 상관없이 그 아이가 미소와 하은, 두 사람 사이의 아이처럼 느껴지는 게 중요하다고 봤습니다.

진우 캐릭터를 둘러싼 고민도 궁금합니다. 진우는 미소와 하은 사이에 필연적으로 존재하는 멜로드라마적 장벽 같은, 말하자면 조금은 기능적인 인물인데요.

무엇보다 진우 나름의 고민을 만들어주는 게 중요하다고 생각했어요. 시나리오를 발전시키는 과정에서 에피소드를 늘려보기도 했지만 지나치게 설명적인 느낌이 들더라고요. 차라리 장면마다 나름의 내적 논리를 가진 인물로 그리는 게 더 중요하다고 생각했죠. 외적으로 어떻게 보이는 인물인지를 신경 쓰다 보면 캐릭터의 본질을 잊어버릴 수 있다고 판단했어요. 변우석 배우와 대화 나눈 방식도 마찬가지예요. 진우는 왜 뒤늦게 미소를 찾아와서 하은의 행방을 물을까. 진우는 왜 동굴에서 미소에게 다가갔을까. 진우는 왜 하은에게 결혼하자고 했을까. 진우가 행동을 내린 지점마다 배우와 많은 이야기를 나눴고, 변우석 배우는 그 모든 것을 응축해서 표현해야 했으니 상당히 어려웠을 거예요.

미소와 하은의 내레이션 활용에 있어 기대한 점은 무엇인가요?

영화를 만들 때 내레이션을 써본 게 처음이에요. 캐릭터의 내면을 들려주는
방식인데, 처음에는 이게 너무 설명적으로 느껴졌어요. 그래서 말과
영상이 서로 부딪치면 좋겠다는 아이디어를 떠올렸죠. 예를 들어 미소의
내레이션은 자유롭게 여행하고 있음을 알리지만, 화면에 보이는 건 답답한
공간에 갇혀있거나 점점 더 나락으로 떨어지는 미소의 모습을 보여주는
식이죠. 사운드와 영상이 서로 다르게 부딪치면서 묘한 감정이 발생하는 게
흥미롭다는 생각이 들었어요. 후반작업에서는 내레이션을 좀 더 추가해서
의미를 변주하거나 강조해 보기도 했습니다. 제주항에서 두 사람이 이별할
때 하은이 태양과 그림자 얘기를 하는데, 영화의 후반부에 미소가 하은의
그림을 마저 이어서 그리면서 같은 이야기를 해요. 동일한 텍스트가 다른
장면에서 대구로 쓰이며 다른 의미가 발생하는 느낌이 좋았죠.

**말씀하신 내레이션을 포함해 대구를 이루는 구성은 <소울메이트>에서
반복적으로 드러납니다. 예를 들어 부산 호텔 장면에서는 하은이
떠나는 미소를 바라보지만, 이후 병원 장면에서는 역으로 미소가
떠나는 하은을 바라보죠. 어릴 때는 미소가 하은에게 귀걸이를 준다면,
어른이 된 이후 하은이 미소에게 귀걸이를 선물합니다.**

인생을 살다 보면 반복해서 일어나는 어떤 상황들을 맞닥뜨리게 되는
것 같아요. 그 반복과 변주를 가만히 곱씹으면 삶의 어떤 의미를 깨닫게
되기도 하고요. 인연과 운명이라는 것도 반복을 통해 감지하게 되니까요.
미소와 하은의 인연도 그런 게 아닐까 생각했어요. 어느 시기에는 내가
너를 떠나보내고, 또 다른 시기에는 내가 너를 떠나는 인연. 내가 너에게
상처를 주고, 또 너에게 내가 상처를 받기도 하는 시간들이 반복되죠. 그
안에서 인물들의 위치가 전복될 때마다 다르게 느껴지는 감정들도 있고요.

277

영화를 만든 이후 여성들의 우정, 소울메이트라는 관계에 대해서는 어떤 생각이 드시나요.

세상의 모든 관계는 규정지을 수 없는 것이라고 느껴요. 유형화하려는 것보다는 각 관계의 개별성을 인정하는 것이 더 맞는 방향이라는 생각이 드는 거죠. 그럼에도 여성의 우정에는 특별한 지점이 있다고 생각해요. 돈독함에 대한 과시가 없고, 그것을 신성시하지도 않으면서 일상 안에서 은근하고 끈기 있게 관계를 이어간다는 점에서요. <소울메이트>를 통해 관계의 여로(旅路)를 보여주고 싶다는 목표가 있긴 했지만, 시나리오를 쓸 때나 영화를 완성한 지금이나 저는 여성들의 우정에 대해 정확히 알 순 없어요. 다만 그동안 미디어가 너무 박하게 이를 다뤄왔다는 생각은 해요. 지금도 <바그다드 카페>(1987), <델마와 루이스>(1991) 같은 영화들로 수렴될 뿐이니까요. '소울메이트'는 관계성 안에서 설명되는 단어 같아요. 그 사람 없이는 내 삶을 상상할 수 없는 존재, 눈을 감아도 잊히지 않는 어떤 얼굴, 내가 나일 수 있게 해주는 사람.

<소울메이트>가 세월과 인연의 이야기라는 점에서, 이 영화를 작업할 때 겪었던 개인적 사연으로부터 받은 영향도 감독에게 남다른 의미로 남았을 거라고 짐작합니다. 크랭크인 한 달 전에는 부친상의 슬픔도 겪으셔야 했는데요.

제게 아버지는 애증의 존재였어요. 어릴적 부터 함께 살아오면서 밉고 원망스러웠던 적도 많았고, 간병 과정에서는 아버지가 안타깝게 느껴지기도 했지만 화가 나는 순간도 많았어요. 7개월 정도 간병을 하면서 <소울메이트>의 시나리오를 썼어요. 아버지 병실에서 쓰던 순간도 많았죠. 그런데 그 기간 동안 굉장히 다양한 감정이 저를 거쳐 가더라고요. 이 질기고 질긴 인연은 무엇일까 생각하는 순간도 많았고, 삶으로 인연을 맺은 사람이 죽어가는 과정을 보는 것 역시 남다른 의미로 다가왔어요. 지금의 아내(배우 유다인)도 10년을 알고 지낸 사람이지만 이 영화의 시나리오를 쓰면서 연인으로 만나게 됐죠. 작업을 마치고서는 오흥석 미술감독님이 돌아가셨고요. 누군가는 떠나가고, 또 새로운 누군가를 만나게 되는 과정 자체가 저에게 묘한 감각을 남겼어요. 그 모든 것이 알게 모르게 영화에 투영됐을 거예요. 작품을 처음 시작할 때와 비교하면 제가 내적으로 많이 넓어졌다고도 느껴요. 준비하던 무언가를 계속 내려놓는 8~9년의 시간을 보냈고, 그러면서 '영화를 만들지 못하더라도 창작하는 즐거움을 다시 찾을 수 있으면 좋겠다'라고 생각할 때였죠. 그러다 <소울메이트>를 만나 인연에 대해 생각하고, 처음 제가 떠올렸던 의미보다 이 영화가 가진 폭이 훨씬 넓다는 생각도 하게 됐어요. 저에겐 개인적으로 참 묘한 작품이에요.

여성 서사라는 큰 흐름 안에서는 <소울메이트>가 어떻게 자리매김하게 될까요?
그저 담백하면서도 섬세한 영화로 읽혔으면 좋겠어요. 우정, 혹은 사랑이라는 특정 틀을 다 벗어나서 미소와 하은이 느끼는 미묘한 감정의 결들을 하나하나 전달하는 게 이 영화의 가장 큰 명분이라는 생각이 들어요. 두 인물을 따라가며 관객 각자가 가진 삶에 대한 고민, 주변의 인연들을 자연스럽게 떠올린다면 좋을 것 같아요. 그렇게 영화가 자기의 길을 잘 찾아가면 좋겠습니다.

영화가 되려는 시간

누군가의
얼굴이고자 하는 영화

Review

영화의 첫 장면, 미소는 커다란 그림 앞에 서있다. 언뜻 사진으로 착각할 정도로 세밀하게 완성된 작품이다. 그림 속 주인공은 미소다. 자기 자신의 얼굴을 바라보는 미소의 표정에는 별다른 변화가 없다. 마치 그림이 나에게 주는 감흥은 전혀 없다는 듯, 아무런 사연도 떠올릴 수 없다는 듯. 그러나 그를 담는 카메라는 미세한 동요를 드러내며 정반대의 태도를 취하고 있다. 인물의 눈과 입에서 미처 흘러나오지 못한 채 감춰진 이야기가 있다는 일종의 암시다. 미소는 어떻게 그림의 주인공이 됐는가. 사진처럼 묘사할 정도로 오랜 시간 그의 얼굴을 바라보고 그렸을 사람은 누구인가. 미소는 왜 아무런 단서도 꺼내놓지 않는가. 필연적으로 영화는 그 숨겨진 이야기들을 찾아가는 미스터리의 레일 위에 놓인다.

누군가의 얼굴에서 떠오른 물음표를 따라가는 구조는 민용근 감독의 영화에서 자주 발견된다. 단편 <도둑소년>(2006)은 사소한 도둑질을 이어나가는 소년(조유한)의 무표정 뒤에 감춰진 사연과 그가 억눌러 왔던 진짜 감정을 길어 올린다. 옴니버스영화 <어떤 시선>에 수록된 단편 <얼음강>(2013)은 양심적 병역 거부를 선택한 주인공 선재(공명)의 표정에 깃든 신념을 통해 역으로 사회를 향해 질문을 던진다. <자전거 도둑>은 복면을 쓰고 다른 사람의 자전거 안장을 훔치던 주인공(박주희)이 자신의 수치심과 마주한 뒤 스스로 얼굴을 가리는 선택을 내리는 영화다. 카메라는 인물의 표정을 일부러 보여주지 않지만, 아이러니하게도 복면 안에 펼쳐질 감정들은 더욱 생생한 실감으로 관객 각자의 마음 안에 떠오른다.

입양되지 않은 유기견들에게 집을 내어주다시피 사는 것도 모자라 일하는 동물 병원의 원장과 그의 어린 아들까지 돌보는 여자 혜화(유다인)의 사연을 짚는 장편 <혜화, 동>도 마찬가지다. 천연덕스럽기까지 한 혜화의 표정은 어디에서 기인하는가. 저 얼굴에 감춰진 이야기는 무엇인가. 민용근 감독의 영화에는 인물의 얼굴에 스치는 심상이 스펙터클로 치환되는 순간이 존재한다. 그 장면들에서는 심지어 누군가의 얼굴 그 자체 말고는 영화에 다른 조건은 필요하지 않다고, 애초에 그것을 보기 위해 모든 과정이 시작됐다고 말하는 듯한 감독의 또렷한 확신이 엿보일 정도다.

  <소울메이트>의 그림이 흥미로운 장치인 건 그래서다. 첫 장면부터 범상하지 않은 존재감을 드러내는 그림은 언뜻 원작 영화와의 가장 큰 차이를 만드는 기능적 장치로 보인다. 추상화를 그리는 미소와 극사실주의 그림을 그리는 하은의 기질이 그만큼 다르다는 사실을 시각적으로 명료하게 제시할 수 있기 때문이다. 한편 이는 너무 단순한 짐작이다. 이 영화가 그림을 통해 진짜로 추구하고자 한 것이 무엇이었는지를 파악하기까지는 얼마간의 과정이 필요하다. 대상을 오래도록 관찰하고 시간을 쌓아야 하는 작업이라는 본질을 이해할 때, 그림이라는 모티프는

비로소 제대로 된 의미를 얻는다. 마음과 시간. 그림은 민용근 감독이 이 두 가지 속성을 결합하며 가장 최선의 형태를 고민한 결과물일 것이다.

  미소는 눈에 보이지 않는 마음을 그리고, 하은은 자신의 마음을 들여다보기 위해 그린다. 말로는 설명할 수 없는 무언가에 도달하기 위한 레이스라는 점에서 애초에 둘의 지향점은 다르지 않다. 시간이 흐를수록 하은에게 그림은 폐허 같았던 두 사람의 세월을 치유하는 작업이며, 미소에게 그림은 미처 완성되지 못한 하은의 인생을 마저 잇는 과정이 된다. 서로 다른 모양의 삶을 교차했던 두 사람은 하나의 그림 안에서 비로소 합쳐진다. 이젤 앞에 선 미소, 미소의 얼굴을 그려나가기 시작하는 하은의 뒷모습은 거의 참회하는 구도자처럼 보인다. 이들에게 그림은 시간과 얼굴의 복원을 뜻한다.

  비밀을 간직한 미소의 얼굴로부터 출발한 영화는 마침내 원하던 곳에 당도한 하은의 얼굴로 문을 닫는다. 그렇게 <소울메이트>는 '얼굴들의 영화'가 된다. 이 영화는 인물들이 본래 가지고 있었지만 세월의 오해가 만든 두께에 덮여 잠시 가려졌던, 혹은 결국 갖지 못했으나 처음부터 마땅히 그들의 것이어야 할 얼굴을 되찾아주는 여정이 되기를 자처한다. 원작 영화에서 한발 나아가 <소울메이트>가 남기는 여운의 정체는 바로 이 같은 목표에서 기인한 것일 테다.

☺

거기까지 도달하는 동안 영화는 미소와 하은의 시간을 성실하게 추적한다. 관계는 오르락내리락하는 포물선을 그린다. 두 주인공은 가장 가까운 존재였다가 서로를 하나도 알지 못하는 낯선 존재들처럼 멀어지기를 반복한다. 물론 그들이 제일 모르고 있는 존재는 자기 자신이다. 영화의 시간이 선형적으로 흐르는 가운데 과거의 순간들은 이따금 그 사이로 침입하듯 파고들어 현재에

균열을 낸다. 기억의 속성이 원래 그러하듯 파편적이고 분절적인 제시다. 현재와 과거를 넘나드는 이 같은 시제 구조는 원작 영화와 동일하지만, <소울메이트>는 기억의 주체를 보다 적극적으로 지정하고 호명하는 인상을 남긴다는 점에서 차이를 드러낸다.

원작 영화의 내레이션은 인물들이 주고받은 편지 부분을 제외하면 칠월이(사실은 안생이) 남긴 인터넷 소설의 문장들로서 제시된다. 이는 정확한 상황 묘사에 가깝다. 반면 <소울메이트>의 내레이션은 처음부터 끝까지 서간체의 형식을 띤다. 큐레이터가 알려준 블로그를 열어본 미소는 1998년 여름을 회상하는 하은의 글을 읽는다. 이는 청자를 아예 미소로 설정하고 쓴 일종의 편지글이며, 뒤이어 영화가 제시하는 둘의 첫 만남 순간은 '하은의 기억을 복기하며 때론 자신의 것을 중첩하는 미소의 기억'이다. 누구로부터 비롯된 것인지에 따라 영화 속 기억들은 조금씩 다른 분위기와 방식으로

표현된다. 그것만으로 이 영화는 기억이란 '누군가가 소유하는 주관적인 것'이라는 감각을 한층 또렷하게 제시한다.

민용근 감독에게는 시간에 물질성을 부여하고 싶어 하는, 일견 온화하지만 실은 끈질긴 욕망 또한 있는 것 같다. 만질 수 없는 속성의 것을 물질화하는 방식을 통해서다. 애초에 시간을 포획하고 편집하는 것은 영화 매체의 기본적 욕망이기도 하다. <혜화, 동>에서 혜화는 손톱을 깎을 때마다 잘려나간 조각들을 빈 필름 통에 모은다. 이는 자신을 구성하고 있던 시간을 눈에 보이는 물질로 통각하며 소유하고 싶어 하는 혜화만의 방식이다. 혜화에게서 고통스럽게 뜯겨나가다시피 한 과거는 그가 아직 떠나보내고 싶지 않은, 혹은 제대로 화해하지 못한 대상이다.

감독의 단편 <고양이 춤>의 주인공은 사랑하는 사람을 잃은 여자다. 서럽게 울던 그는 문득 눈에 보이지 않는 존재가 자신의 손을 지그시 누르고 있음을 느낀다. 버튼을 눌러야만 음악을 재생하고 춤을 추는 고양이 인형은 어찌 된 일인지 진작 홀로 움직이고 있다. 놀라 당혹스러워하던 여자는 남자가 자신의 곁에 와있음을 직감하고, 결국 다시 한번 손에 닿은 그의 손가락을 놓치지 않고 꼭 움켜쥔다. 그렇게 여자는 이제 막 세상에서 사라지려는 사랑하는 사람과의 시간을 자신의 손으로 감각한다.

<소울메이트>에는 고양이 엄마가 등장한다. 어린 미소와 하은이 길에서 주워온 새끼 고양이의 평생은 두 사람이 함께한 세월의 구체적 증거다. 영화에서 그 과정이 자세히 보이진 않지만, 하은이 남긴 작품 중에는 고양이의 그림도 있다. 미소와 하은의 시간은 또렷한 육체와 생명을 가진 존재가 되어 사라지지 않을 그림 속에 새겨진다. 그리고 영원히 숨 쉬는 존재가 된다.

☺

'칠월은 곰 인형은 둘이서 가지고 놀 수 있겠지만 다른 건 어떻게 해야 하는지에 대해 생각했다. 만약 저들이 나눠 가질 수 없는 어떤 것을 같이 원하게 된다면, 과연 두 아이의 관계는 어떻게 될까. 어린 시절의 우정은 마치 한 마리의 나비처럼 예쁘고 맹목적이다. 안생은 칠월의 첫사랑이었다.' 원작 영화 이전, 칭산의 원작 소설 『칠월과 안생』은 두 인물의 갈등과 관계를 이렇게 묘사한다. 예쁘고 맹목적으로 서로의 첫사랑이 되어버린 두 사람. 나눠 가질 수 없는 것을 동시에 원하게 된 이들.

우정인가, 사랑인가. 아니면 그 모두를 포괄하고 때론 넘어서는 무엇인가. <소울메이트>는 미소와 하은 사이의 감정을 굳이 규정하거나 유형화하려 하지 않는다. '소울메이트'라는 개념 자체를 정의하려 하지도 않는다. 어떤 면에서 이 영화는 이 같은 접근만이 오직 최선이라고 믿는 듯하다. 하지만 인생의 첫 호기심, 너를 통해 새로운 세상을 바라보고 싶은 충동, 나아가 네가 되는 꿈, 이토록 내밀하게 투사된 마음들이 사랑에 근거하지 않는다고 말하긴 어렵다.

어린 미소는 하은에게 '여름 은하수'라는 새로운 이름의 뜻을 지어 부른다. 존재의 호명은 무의식적으로든 의식적으로든 나에게 너라는 의미를 각인하는 행위다. 세상이 정해놓은 기준으로는 분류할 수 없는 존재로 서로를 선택하는 것. 이는 훨씬 광의적인 의미의 사랑이다. 기실 모든 사람의 첫사랑은 인생 최초의 단짝 친구일지 모른다.

그런 이유로 <소울메이트>는 애초부터 멜로드라마의 성격을 강하게 띠고 있다. 원작 영화에서도 중국이라는 지리적 배경은 사실 그다지 중요하지 않다. 그보다는 지역과 시대를 지우고 보더라도 통용 가능한 보편적 감정, 멜로에의 호소가 두드러진다. 삼각관계를 분명하게 내세운 원작과는 달리 <소울메이트>는 미소와 하은의 멜로 관계성에 보다 집중한다. 미소와 진우 사이의 감정은 불필요한 오해가 덧붙지 않는 선으로 정리되어 있으며, 하은이 진우에게 갖는 의미 역시 좀 더 분명하게 제시된다. '진우는 친구에게 빼앗긴 사랑이 아니라 하은이 스스로를 얼마나 모르고 살았는지 깨닫게 하는 증표'라는 전소니의 분석은 정확하다.

원작 영화에서 안생과 칠월은 서로의 그림자를 밟는 아이들이다. 누군가의 그림자를 밟으면 그 사람이 멀리 떠나지 않는다는 말을 믿기 때문이다. 그렇게 두 사람은 한 몸처럼 붙어 다니며 '어떤 때는 칠월이 안생의 그림자였고, 어떤 때는 안생이 칠월의 그림자였던' 삶을 산다. <소울메이트>에서 미소와 하은은 '비록 한 몸은 못 되지만 멀리서라도 떠나지 않는' 태양과 그림자의 관계다. 때론 미소가 태양이 되고, 때론 하은이 태양이 됐을 것이다. 서로가 가장 찬란하게 빛나야 하는 인생의 순간에 기꺼이 상대의 그림자가 되기를 자처하는 마음. 미소와 하은의 관계는 한층 더 애틋한 결을 입는다.

미소와 하은의 관계를 규정하지 않은 채 더 멀리 나아갔듯, <소울메이트>를 여성서사라는 특정한 틀 안에 가두어 읽을 수만은 없을 것이다.

이 영화는 서로를 거울처럼 비추는 오랜 관계 안에서 내가 어떤 사람인지, 어떤 삶을 살고 싶었는지를 진정으로 깨닫게 되는 이들의 이야기다. 어느 순간 더는 나 자신만큼 상대를 사랑할 수 없기에 발생하는 비극과 슬픔에 대한 고찰이기도 하다. 동시에 여성들의 일상적이고 보편적인 관계의 모양, 유년 시절부터 시작해 오랜 기간 구축되는 삶의 양태를 꼼꼼하게 들여다보는 시도인 것 역시 분명하다. 말하자면 이 영화는 한국영화의 긴 역사 안에서 좀처럼 주목되지 않았고, 주요하게 허락되지 않았던 영역을 열어젖히려는 섬세하고 용기 있는 제스처다. 귀한 인사로서 내민 그 손을 잡는 것은 우리의 몫이다.

Memorial

<소울메이트>의 아름다운 장면을 만들어주신
미술감독 故오흥석 님을 기억합니다.

오홍석 미술감독

<소울메이트>(2021)

<초미의 관심사>(2019)

<장수상회>(2015)

<궁합>(2015)

<플랜맨>(2013)

<스톤>(2013)

<광해, 왕이 된 남자>(2012)

<설>(2011)

<완벽한 파트너>(2011)

<그대를 사랑합니다>(2010)

<가족 같은 개, 개 같은 가족>(2007)

<나의 결혼 원정기>(2005)

"미술팀이 담당해야 할 일이 워낙 많은 영화라, 그저 힘들어하셨을 거라고 짐작했어요. 그런데 나중에 팀원들에게 들으니 현장에서 '<소울메이트> 찍는 건 힐링이야'라는 이야기를 자주 하셨다더라고요. 미소가 재니스 조플린 이야기를 하는, 게스트 하우스의 미소 자취방을 배우와 함께 처음 둘러보던 날이 문득 떠오르네요. 김다미 배우가 방에 처음 들어서자마자 한 치의 망설임도 없이 침대에 풀썩 누우면서 '정말 미소 방이다!'라며 좋아했어요. 배우가 본능적으로 공간의 분위기를 받아들이도록 만드는 건 쉬운 일이 아니죠. 미술감독님이 만드신 공간들을 하나하나 떠올리면서 이제야 그분의 마음을 헤아리고 있어요. 편집본을 미처 보여드리지 못한 것이 가장 큰 죄송함으로 남습니다."
민용근 감독

"영화를 찍는 몇 개월의 시간, 그 안에서 누구보다도 미소로 살 수 있게 해주셔서 감사드려요. 이 영화를 사랑하는 모든 사람들의 마음이 미술감독님께도 닿았으면 좋겠어요. 함께 작업할 수 있어서 영광이었습니다."
김다미 배우

"영화에 있어 미술이 차지하는 비중은 엄청나요. 다 좋은데 미술이 아쉬운 영화를 만나면, 감상은 절반에 그치고 말죠. 이번 작업은 미술의 도움을 정말 많이 받았어요. 준비해 주신 것들을 그저 바라보기만 해도 저에게 다가오는 감정들이 있었어요. 사려 깊은 미술이었죠. 촬영 기다리는 동안 현장의 곳곳을 들여다보는 재미가 정말 컸고, 그 모든 것들이 저를 자연스럽게 하은으로 설 수 있게 만들어준다고 느꼈어요."
전소니 배우

"영화 속에 내포되어 있는 다양한 미술적, 시각적인 요소들은 보시는 관객들뿐만 아니라 연기하는 배우에게도 정말 큰 영향을 준다고 생각합니다. 제가 '진우'를 연기하며 캐릭터에 자연스럽게 녹아들 수 있는 중요한 요소이기도 했고요. 작품의 완성도를 높이기 위해 최선을 다해주신 미술감독님의 영화를 향한 진심이, 관객분들에게 잘 전달될 수 있도록 저 역시 끝까지 최선을 다하도록 하겠습니다."
변우석 배우

"실제 거주 공간을 영화 촬영이 가능한 공간으로 바꾸는 건, 품은 정말 많이 들면서 구체적으로 무엇을 작업했는지는 태가 나기 어려운 작업이에요. 그런데 미술감독님은 마치 정말 식구들의 손길이 오랜 시간 닿아왔던 공간처럼 하은의 집을 완성하셨어요. 이곳에서 인물들이 어떤 삶을 살아왔을지 세심하게 고민하고 구현하려는 집념이 대단하셨죠. 그 노력에 정말 큰 신세를 졌습니다. 세트도 늘 실제 공간처럼 사실감이 넘치게, 카메라는 그저 갖다 대기만 해도 될 정도로 만들어주셨어요. 제작에 돌입하기 전에 늘 제게 먼저 연락을 주셨죠. '(촬영이 편하려면) 어디에 구멍을 뚫어드리면 될까요?' 어려운 부탁을 드려도 한 번을 거절하신 법이 없어요. <소울메이트>는 미술감독님이 참여하셨던 작품 중 가장 아름다운 영화일 거라고 확신해요. 그의 가족들이 자랑스럽게 봐주셨으면 좋겠습니다."

강국현 촬영감독

"이제는 추억으로만 그분을 만날 수 있다는 게 마음이 아픕니다. <광해, 왕이 된 남자>로 대종상 영화제와 청룡영화상 미술상을 수상하는 기쁨도 누리셨지만, 이후 중국에서 준비하던 작품의 과정이 순탄하지 않았어요. 게다가 여러 개인적인 어려움들이 겹쳐 오래도록 힘든 시기를 보내신 걸로 압니다. 그러다 초심을 다잡는 마음으로 <소울메이트> 작업에 매진해 주셨는데, 결과적으로 유작이 되고 말았어요. 모든 과정을 지켜본 동료로서 안타까운 마음뿐입니다. 영화의 살림을 책임지는 프로듀서의 입장에서는 함께 하는 이들의 컨디션을 세심하게 챙겼어야 하는데 그러지 못해 너무나 죄송하고요. 애착이 크셨던 만큼, 하늘에서 이 작품을 흐뭇하게 지켜봐주셨으면 좋겠습니다."

박준호 프로듀서

"저는 <초미의 관심사>부터 미술감독님과 연달아 작품을 같이 했어요. 이전에 작업했던 그 어떤 미술감독님보다 소통이 잘 되는 분이었죠. 유난히 제작팀도 잘 챙겨주셨고, 일을 떠나 개인적으로도 감사한 일이 많았어요. '밥 한번 먹자'는 약속은 결국 지키지 못했네요. 가슴 아프고, 안타깝습니다."

한수정 제작실장

"첫 미팅 때 본인의 영화 인생을 얘기해 주셨어요. 그간 너무 많은 상처를 받아 이 일을 계속해야 할지 깊이 고민하셨다는 얘기까지 전부 다요. 그러면서 <소울메이트> 작업을 정말 잘해보고 싶다고 하셨어요. 촬영을 마치고서는 이 작품으로 치유된 것 같다고 하셨죠. 정말 기쁘다고, 좋지 않은 기억을 다 극복한 것 같다고 하셨어요. 너무 아쉽고 슬프지만 행복한 기억을 가지고 가셨을 것 같아서 그것만큼은 저도 좋습니다. 그 행복한 기억에 제가 미약하게나마 도움이 됐다면 좋겠어요."

허자연 아트디렉터

"언니 같은 분이었다고 할까요. 제주도에서 촬영 세팅할 때 정말 살인적인 더위를 견뎌야 했어요. 매일 땡볕에 작업하다가 미술팀, 소품팀 전부 더위를 먹는 바람에 작업 시간을 바꿀 정도였죠. 새벽 4시 반부터 아침 10시까지 세팅하고, 조금 쉬다가 다시 4시부터 밤까지 일하는 강행군의 와중에도 일일이 팀원들을 챙기셨어요. 그런 감수성을 가진 분이기에 이 작품도 세심하게 작업하실 수 있었던 것 같아요. 10대부터 성인이 된 이후 인물들의 감성을 여자인 저보다도 깊이 있고 심층적으로 이해하고 계셨거든요. 하은 집 정원을 꾸밀 때도 예쁜 꽃들을 보면서 너무 해맑게 좋아하셨어요. 영화의 감성과 닮아있다면서요."

신보라 소품팀장

"첫 회의 때부터 작품 분석을 정말 꼼꼼하게 해오셨어요. 저 정도 준비가 가능하려면 최소한 몇 주는 밤샘 작업을 하셨겠구나 싶었죠. 그날 회의 끝나고 제가 '브리핑이 아니라 책이나 시 한 편을 본 느낌이에요'라고 말씀드렸을 정도였어요. 공간 하나하나에 정서가 전부 느껴졌죠. 성향 자체가 섬세하고 고운 분이었어요. 인간미도 느껴지고요. 현장에서는 각 파트가 다 자기 작업하느라 바쁜데 늘 배우의 감정과 상태를 섬세하게 배려하시더라고요. 제가 그걸 보고 많이 배웠어요. '메이크업은 이렇게 해야지'가 아니라 '인물이 지금 이런 감정인데 이게 맞지 않을까'라고 접근하게 된 거죠."

손은주 분장실장

제공	스튜디오앤뉴
공동제공 / 배급	NEW
제작	클라이맥스 스튜디오 앤드마크 스튜디오
공동제작	스튜디오앤뉴 키이스트
공동제공	KC벤처스(주)
	캐피탈원(주)
	대성창업투자(주)
	(주)이수창업투자
투자지원	문화체육관광부
	중소벤처기업부
	한국벤처투자(주)
제작투자	김우택
공동투자	한미미 김승현 유형권 김영훈 박근진
	정홍규 서동욱 유제천
투자총괄	장경익 김재민
투자기획	함진 김수연 송아름
투자책임	배하나 박경서
마케팅책임	유지혜
배급책임	류상헌
홍보책임	양지혜 김민지
기획 / 제작	변승민 권오현
공동제작	장경익 박성혜
감독	민용근
각본	강현주 민용근
프로듀서	박준호 (KAIROS Makers)
기획 프로듀서	이주현
촬영	강국현 (CGK)
조명	김효성 (현실조명)
키그립	박관열 (NEW GRIP)
미술	오흥석 (무비아트)
소품	신보라 (THE PROP)
동시녹음	김현상

분장 / 헤어	손은주
의상	신지영 (미쓰신 컴퍼니)
편집	한미연
음악	모그
현장편집	조단비
편집	한미연
음악	모그
사운드	박용기 (IMS studio)
시각효과	한재호 (COCOA VISION)
디지털색보정	엄태식 (U5K Imageworks)
스토리보드	조나래
세트	전성호 (맹가노니)
현장편집	조단비
특수효과	박철용 (DRAGON)
무술	이상민 (본 스턴트)
제작실장	한수정
조감독	양수희

나오는 사람들

안미소	김다미
고하은	전소니
함진우	변우석
하은모	장혜진
하은부	박충선
어린 미소	김수형
어린 하은	류지안
미소모	허지나
큐레이터	강말금
기훈	남윤수
팬시점 사장	현봉식
종달초 담임	이현균
영옥	오민애
데스크 간호사	정수지
담당 의사	김정현
미술선생님	박지연
하은 담임선생님	박진수
안하은 7세	김서현
써클팅 남회장	이석형
써클팅 여회장	박경은
써클팅 남학생1	박세현
써클팅 남학생2	남중규
써클팅 남학생3	박한울
써클팅 남학생4	박찬우
써클팅 여학생1	유승주
써클팅 여학생2	유휘현
써클팅 여학생3	임영주
써클팅 여학생4	정의진
기훈 밴드후배 키스녀	정한빛
양복남1	조대희
양복남2	어성욱
진우부	김동인
진우모	차동신
부동산 아주머니	안현정
경찰1	박정환
경찰2	임정균
모텔 사장	리우진

상담중년녀1	김나윤
상담중년녀2	채윤희
상담중년녀3	강정호
하은친구1	조수연
하은친구2	김미소
진우친구1	정원준
진우친구2	김남규
결혼식사진사	이종훈
기훈 밴드원1	줄리엔
기훈 밴드원2	홍재형
기훈 밴드원3	최예온
기훈 밴드원4	주요한
미소모애인	곽진석
백종필	우정환
수위아저씨	남상백
노교수	황우상
게스트하우스 사장	이광호
미술학원강사	신치영
미소모 현애인	최교식
교감선생님	이강진
웹사무실 동료직원	류해준
웹프로그래밍강사	김기정
호텔레스토랑매니저	나규비
진우농구친구1	김환영
진우농구친구2	황자능
제주항 인도요원	김용규
안하은 2세	김다율
안하은 1세	제혁
양복상사	이정철
모텔 중년남	김동환
모텔 중년녀	석예린
귀뚫는 여아1	이류경
귀뚫는 여아2	원서영
귀뚫는 여고생1	연하정
귀뚫는 여고생2	최효정
캐리커처화가	유현웅
선배바텐더	손석호
레스토랑여직원	황지선
미소반친구	엄지현

모범택시기사	정윤현	
세화리조트 승무원 입간판 모델	오채은	
목소리	강민지 김동원 도예준	

우정출연	성연	박성연
	수의사	김새벽

고양이 출연	고양이 엄마	마루

대역	미소 액션 대역	이유진 김경애
	하은 해외 대역	Darmaeva Balzhin Bolotovna

원작	원작	Based on the Chinese motion picture entitled "Soul Mate" directed by Derek Kwok-cheung Tsang
	중국 원작 프로듀서	陳樂 Le Chen, 覃宏 Hong Qin, 陳可辛 Peter Ho-sun Chan and 許月珍 Jojo Yuet-chun Hui

만든 사람들

프로덕션	프로덕션 팀장	이강우
	프로덕션 제작	윤원선 임준하 이재상 박미라 박민우
	프로덕션 인물	강민석
	프로덕션 미술	유준민
	프로덕션 VFX	황지선
	슬레이터	승진용
	스크립터	신종훈
	회계실장	송기향
	제작회계	양선애
	회계지원	김아람
	스토리보드 보조	김윤혜
	케이터링 매니저	홍주영
	방역담당	김진규
	현장지원	김태수 한지혜 송현종 강종현 방상환 김진열 조창래 배명선 이동현 조주환 최찬호 이희규 양상민 김영모 강태수

촬영	B 촬영기사	손홍락
	촬영 A팀	박재웅 박예솜 박영서
	촬영 B팀	김승준 류명환
	그립팀장	강석민
	그립팀	강민준 박인황
	그립지원	박윤식 이문홍
	드론	서한얼 류재국 김도영 (팀스카이)
	스테디캠	김대림 김병국 (그리다캠)
	촬영장비	한엔터
D. I. T	DATA MANAGEMENT	에임허브
	GENERAL SUPERVISOR	최현석 박호남
	JUNIOR D.I.T	김지희
	DIGITAL LOADER	주예린
조명	조명팀	차성민 조용운 권지훈 박찬효 김동인 이예나
	발전차	박민우 장희영(284W)
	조명지원	최민석 박민호 장수원 정익중 성충모
		순민지 이재웅 임태형 김효림 이태희
		민준희 이수남 김종완 송상호 정세영
		송대규 김영대 조호익 김선중
동시녹음	붐 오퍼레이터	이지성 박민지
	붐 어시스턴트	석현주
	녹음 지원	이정재
미술	아트디렉터	허자연 이아영
	미술팀장	정건수
	미술팀	신민아 김수진 신미래 노예은
	컨셉아트	김정수
	그림 작가	이코즈
소품	소품팀장	노귀연 이동헌
	소품팀	서가희 박윤희 홍은지
	소품지원	한정학 신한섭 장성욱
	소품운송	이기식 이장섭
	가구제작	박지훈

	플로리스트	홍지연
세트	세트제작	맹가노니
	세트실장	박태식
	세트팀	전병호 전관호 정상호 전유상
분장	분장팀장	이미경
	분장팀	김윤아
	분장지원	전세나
의상	의상팀장	김병희
	의상팀	김영선
	의상지원	최민선 김민재 윤지영
특수효과	특수효과실장	오원준
	특수효과팀장	박재성
	특수효과팀	전상준
편집	편집보조	김재원 손서희 양철모
음악	Music by	모그
	Composed and Arranged by	모그 줄리 주캉 THE SOUND
	Music Editor	임형진
	Instrumentals	주캉 임형진 전훈 줄리 모그 THE SOUND
	Recording Studio	AIM 스튜디오
삽입곡	ME AND BOBBY MCGEE	아티스트 JANIS JOPLIN	작사작곡 FRED L FOSTER · KRIS KRISTOFFERSON
		수록앨범 GREATEST HITS
		ORIGINAL PUBLISHER - COMBINE MUSIC CORP.
		SUB PUBLISHER - EMI MUSIC PUBLISHING KOREA
		소니뮤직
	눈 오던 날	아티스트 재주소년	작사 작곡 유상봉
		수록앨범 재주소년 (才洲少年)	앨범제작 문라이즈
	MOONLIGHT	아티스트 THE SOUND	작사 줄리엔 얼 (THE SOUND)	작곡 홍재형 (THE SOUND)
	Ocean View	아티스트 THE SOUND	작사 줄리엔 얼 (THE SOUND)	작곡 홍재형 (THE SOUND)

시각효과	Visual Effects by	COCOA VISION
	Executive Producer	최영주
	Executive VFX Supervisor	김대준
	VFX Supervisor	한재호 김정민 박희조
	CG Supervisor	정수현
	VFX Producer	최원영
	VFX Project Manager	임미진 김의령 김미경 양수빈
	Lead Compositing Artist	손선영 박유리
	Compositing Artist	장한솔 임지현 최예린 한훈일
		김경하 한상용 문성희 박정민
		이주희 함지훈 김지현 양우경
	Lead 3D Artist	이재열
	3D Artist	조우상 정진원 변영주
		임영인 하영우 이종량
	Lead FX Artist	황준혁
	Senior FX Artist	김남수 김용현
	FX Artist	이정현 김태욱
	Lead Concept Artist	전영무
	Matte Painting Artist	안주희 오승아 염혜연 김현지
	Lead Motion Graphic Artist	서유리
	Motion Graphic Artist	이우집
	New Media Supervisor	김석희
	Lead New Media Artist	조종덕 이영수
	New Media Artist	장해정 이미지 정재환
		진유민 김성욱 박현선 김동현
	Technical Director	김대진
	Administration	정재은
사운드	Audio Post Production Services by	IMS studio
	Sound Supervisor	박용기
	Re-Recording Mixer	박용기 박진홍
	SFX Supervisor	박진홍
	SFX Designer	장철호 (BNEW sound)
	ADR Recordist	박용기
	ADR / Dialog Editor	노윤주
	Foley Services by	Mono-Foley
	Foley Artist	정성권
	Foley Recordist	최완규

Digital Intermediate	Digital Intermediate by	U5K Imageworks
	LAB master	엄태식
	Colorist	이다교 강솔이 김민정
	Digital Cinema Technician	서중권 조윤기 서경준
	Digital Mastering	조임구 박희하
	DI Producer	손민경 이미지

클라이맥스 스튜디오	기획 프로듀서	이상미 정우주 윤령주
	제작 프로듀서	김동민
	경영지원	정재연 권가이 박정미
	홍보마케팅	최유리 조성경 오설혜 (아워스)

앤드마크 스튜디오	본부장	황본
	기획 PD	위주경 김효진

스튜디오앤뉴	공동제작진행	정재준 이하윤
	투자회계책임	박향
	투자회계진행	송경진 조혜윰 김혜준

키이스트	투자책임	이연주
	제작관리	정유진 박현진

NEW	투자진행	박영수 전솔아 민윤환
	마케팅진행	전지현 이소정 김우진 문수영
	배급진행	김민선 신재승 문서영 김도은
	홍보진행	최희준 임성록 최시은
	콘텐츠기획	오종민 금민철 김정선 조예인
	전략기획책임	장철희
	전략기획진행	조수진 이민희
	투자회계총괄	임재환
	투자회계지원	김성태 한태문 김보영
		김경은 박선미 서가영 양윤애 양호정 이종훈 이태윤
		조영수 홍지연 송예슬 서재인 유철식 최진실
	경영지원	류시진 김지웅 정지웅 노상복 김정아 최지영 김은주 김재환
		하명수 조구현 오동규 정윤희 조유진 박교리 구윤제 김수연 유지민

콘텐츠판다	총괄책임	이정하
	콘텐츠유통책임	윤수비

	콘텐츠유통진행	차효은 강전욱 정지은 우지연 김지훈
	해외배급진행	이윤기 손영경 석채원 손예진
마케팅	마케팅 홍보	박세영 오소휘 김이서 이인성 김송미 ((주)머리꽃 / KFMA)
	온라인마케팅	이유진 조수정 정미경 김현지 최정원 이기쁨 최지애 (절찬상영중)
	광고대행	서정우 강윤희 김영롱 이유경 신정렬 차승연 서현민 정혜욱 이혜진 ((주)이노션)
	프로모션 대행	한지열 맹시운 최지현 (로드쇼)
	광고디자인	최지웅 박동우 이동형 (프로파간다)
	포스터사진	이승희
	현장사진	김설우
	메이킹필름	조영윤, 선우선, 김영광, 이성민 (본프로덕션)
	예고편	곽수정 서효경 김수빈 김해리 (PEEPS)
	예고편사운드	조수연 고승희 (Mrs.Jo)
	예고편2D	조재은 (UNDEFINED)
	특별 영상	정진수 채박 (VISUALS FROM.)
	인쇄	박한기 김상현 박용웅 서혜주 김찬열 ((주)다보아이앤씨)
	이벤트 기획	장원구 곽기환 송희 (스토밍)
공동투자	공동제공	KC벤처스(주)
	공동투자총괄	이정석
	공동투자진행	김민혜 조담희
	공동제공	캐피탈원(주)
	공동투자총괄	이광수
	공동투자진행	권영환
	공동제공	대성창업투자(주)
	공동투자총괄	김범석
	공동투자진행	김민준 이예안
	공동제공	(주)이수창업투자
	공동투자총괄	손민영
	공동투자진행	김태훈 곽정환
자문 / 배우지도	그림 자문	강강훈 김득영
	펌프 지도	장희현 강혜원
	그림 지도 및 손대역	이코즈
	시나리오 제주 방언 자문	제주어연구소

	제주 방언 자문 및 지도	어성욱
	바텐더 자문 및 지도	손석호
참여업체	캐스팅지원	백상현 김정현 이명근 고선정 (에이비캐스팅)
	보조출연	이승불 나규비 김기정 (비비드 ENM)
		박정숙 (에이블캐스팅)
	동물캐스팅	이혜선 (낭만고양이)
	로케이션매니저	김태영 박윤종 박상우 (로케이션플러스)
	해외 프로덕션 대행	루스컴퍼니
	해외 프로덕션 코디네이터	이원석
	해외 촬영	Vadim Gvon
	법무자문	곽호성 (법무법인 신원)
	노무자문	남현지 (현지노무법인)
	음악저작권 자문	장유정 (PGK)
	전시그림제공	허유진 황혜민 이하린
	캐리커쳐	황현주 (캐리커쳐코리아)
	식당차	어울림밥차	경기밥차
	분장버스	정석원
	소품차량	금호클래식카
		오병연 백영희 백형기 김성민
		윤정욱 방광헌 김용기 한상미
	푸드	이혜원 정혜윤 정예지 (푸드앤컬처코리아)
	스튜디오	박스터 스튜디오	부영주택 남양주 종합촬영소
	방역	송명철 (믿음방역) 홍훈표 (가나안환경)
	응급구조사	정현우 (대한구조봉사회 평택지부)
	보험	KB손해보험 DB손해보험
	차량대여	유광호 (SK렌터카) 한재환 (씨네프롭스)
	렉카	이영균 (연대렉카)
	살수차	이영균 (제주살수차)
매니지먼트	김다미	권오현대표 김선우본부장 김민수실장 김예일매니저 오선민팀장 (앤드마크)
		박현정대표 조현수이사 (UAA)
	전소니	김장균대표 임효욱본부장 서예대실장 이주현매니저 (매니지먼트 숲)
	변우석	엄흥범대표 백동진이사 이용우팀장 (바로엔터테인먼트)
	장혜진	노진영대표 배성민상무 전경석실장 이상학팀장 (IOK Company Tn사업부)

강말금	도윤영이사 김강호팀장 조용우팀장 (스타빌리지엔터테인먼트)
남윤수	김정환대표 유정웅실장 (에이전시가르텐)
현봉식	김정섭대표 (제리고고)
김새벽	박성혜대표 이연우이사 박진선실장 (키이스트)
박성연	채우진본부장 김태훈실장 송민욱매니저 (비스터스 엔터테인먼트)
이현균	엄한국부대표 천민재실장 하준호매니저 (빅보스 엔터테인먼트)
박지연	강혜윤매니저 (에스더블유엠피)
이석형	성현수대표 정세연실장 김태헌 임수빈팀장 전재연 (눈컴퍼니)
조대희	박현석실장 (메이크위드)
정한빛	홍성민실장 이진매니저 (도레미 엔터테인먼트)
밴드 더 사운드	이용원 정혜옥 (러브칩스 인터네셔널 아이앤씨)

지원 사업 　영화진흥위원회 장편 극영화 촬영 공간 지원작
　　　　　2021 경기 로케이션 인센티브 지원작

지원 기관 　영화진흥위원회 | 경기콘텐츠진흥원 경기영상위원회
　　　　　인천영상위원회 | 서울영상위원회 | 부산영상위원회

제작 협찬 　LG VELVET | 제주 삼다수 | SEA LIFE 부산아쿠아리움

미술 / 소품 협찬 　벽조목 목걸이 대디하트 | 파버카스텔 | 신한화구 | 위아트 | 미래엔 교과서 | 한라산 소주 | 디자인스킨 코지샵
　　　　　　　　과학상자 | 바른손 카드 | 희원플라워 | 미가엘 다이아몬드 | P.O.D 미디어 | 쉐프랑 케이터링 | 포그난

그림 / 작품 협찬 　래미갤러리
　　　　　　　　황혜민 / Absorbable · Hushed · Sunken | Fainted · Flowing · Repeated |
　　　　　　　　Hidden · Crumbled · Fainted | Recrring sweep
　　　　　　　　이하린 / 무제 외
　　　　　　　　허유진 / BOTTLE

의상 협찬 　아치더 | 니드니어 | 리이 | 림락 | 호제 | 레이브 | X2제곱 | 쓰담슈즈 | 밀리언코르 | 에클라바치 | 엘리오티 |
　　　　　　쌤소나이트 | 이스트팩

분장 협찬 　이비자 | 메이븐바이범호

삽입 영상 출처 　까퓰러 Asmr

폰트 협찬 　마포꽃섬 | 인피니티산스 | 서울한강

제작 협조 　캘빈클라인 | 주식회사 안다미로 | 롯데칠성음료 | 아이리버 | 주식회사 리노스 | 아시아나항공 | 카카오그룹

장소 협조

하도리 1250 I 별방진 | 제주대학교 | 제주 시흥 라이크리조트 | 제주 송당 동백목장 |

씨월드고속훼리(주) | 성우해운(주) | 제주항 해운항만과 | 흰고래게스트하우스 |

하도해변 | 예그린타운하우스 | 이스턴 동물병원 | 제주도 다랑쉬테레세화 | 하도리 1232

성산고등학교 | 카페 드 루나 | 종달초등학교 | 포천고등학교 | 카페시소(만소3지구)

박스터 스튜디오 | 동두천 바른손 | 터미널 게임랜드 | 김포공항 국제선 | 무카스 | 락캠프

컨벤트펍 | 용현 동문아파트 | 호텔스카이파크인천송도 | 빅디필름 | 카페 콜롬비아 퍼펙토

아라아트센터 | 인하공업전문대학 | 부산타워 | 용두산공원 | SEA LIFE 부산아쿠아리움 | 북정마을

금성게임랜드 | 필드모텔 | 금돼지부속구이 | (주)로케이션 어스 | 서울제일병원 | 규수당 운정점

밀레니엄 힐튼 서울 오크룸 | 아임파인아트 미술학원 | (주)나사 | 로미코리아 | 철원빙상경기연맹

도움 주신 분들

고영옥 집주인 | 이영태 서문동 동장님 | 송석언 총장님 | 대외협력과 이진 | 김희만 대표

김수연 | 김가연 | 김민균 | 장서희 | LIKE 제주바다목장 - 김인환 이태순 | 물류관리부 정명훈

대성해운(주) | 강근호 이사님 | 홍원식 | 김도형 사장님 | 구영숙 | 장미길 | 하도어촌체험휴양마을

신우영 | 강창희 마을회장님 | 김경환 마을총무님 | 문지환 원장님 | 이재현 | 이순화 | 임종식 교장선생님

양기봉 교감선생님 | 윤지희 | 김명선 교장선생님 | 유장용 선생님 | 김수연 | 김영자 | 출판도시문화재단

정경수 | 윤규원 소장님 | 호텔스카이파크인천송도 SALES & MARKETING 홍찬식 부장 | 김동욱

임이섭 대표님 | 정유천 | 정예지 | 고아라 큐레이터 | 이영우 평가홍보팀 | 류동균 | 곽정은 | 조석화

조예설 | 정승화 | 정태근 | 정시네 | 송회정 | 김성민 | 민세원 | 고영두 | 최대준 홍보팀장 | 김민경 | 카페 395

오크룸 - 최희진 우제규 | 홍보부 차가영 | 허유진 작가님 | 황혜민 작가님 | 이하린 교수님 | 건국대학교 공예과 대학원

감독과 제작진은 다음 분들께 특별히 감사드립니다

고훈 길종철 김경묵 김경주 김소미 김영진 김태원 김현민 남세현 문명환 민태원 박두희 박은영 심현우 어경준 오은영 유다인 새봄 이경애 박겸 박솜 이상인 이윤걸 이제영 임규리 임민섭 장동식 장연실 진영 한인미 한태희 한희성 한양대학교 대학원 영화실기전공 한국영화감독조합(D.G.K) 한국영화프로듀서조합(P.G.K)

소울메이트: 메이킹 다이어리

Soulmate: Making Diary

초판 2쇄 발행	2023년 4월 17일
저자	이은선
펴낸곳	플레인아카이브
펴낸이	백준오
편집	임유청 백준오
교정	이보람
지원	장지선
사진	김설우
디자인	김다혜 Studio ALT
도움 주신 분	차효은, 클라이맥스 스튜디오, 앤드마크, UAA, 매니지먼트 숲, 바로엔터테인먼트, 프로파간다
출판등록	2017년 3월 30일 제406-2017-000039호
주소	경기도 파주시 회동길 336-17, 302
이메일	cs@plainarchive.com

37,900원

ISBN 979-11-90738-54-5 (00680)

원작 영화 <소울메이트>